입빵2

Let's 일빵빵

입이 빵 터지는

입빵2

2021년 6월 28일 초판 1쇄 발행

지 은 이 | 김보민
펴 낸 이 | 서장혁
기   획 | 일빵빵어학연구소
디 자 인 | 이가민
마 케 팅 | 유선경 최은성 윤서영 탁은희

펴 낸 곳 | 토마토출판사
주   소 | 서울시 마포구 양화로161 케이스퀘어 725호
T E L | 1544-5383
홈페이지 | www.tomato4u.com
E-mail | edit@tomato4u.com
등   록 | 2012. 1. 11.
I S B N | 979-11-90278-78-2 (03840)
          979-11-90278-76-8 (세트)

입빵2

김보민 지음

토마토
출판사

"렛츠일빵빵이
더욱 강력해졌습니다"

기종에 따라 플레이스토어나 앱스토어에서
'일빵빵' 검색 후 어플 다운로드 받으시고
매일 업데이트 되는 최고의 강의를 들어보세요.

Let's 일빵빵
'입이 빵 터지는' 입빵2

C O N T E N T S

Let's 001강 **Prefer A over B** : B보다 A를 더 선호하다 · **14**

Let's 002강 **Must be very hungry** : 정말 배고프겠다 · · · · · · · · · · · · · · · · **15**

Let's 003강 **Nag at someone** : -에게 잔소리하다 · · · · · · · · · · · · · · · · · · · **16**

Let's 004강 **Break up with** : -와 헤어지다, 헤어지자고 하다 · · · · · · · · · · · · **17**

Let's 005강 **Act as if** : -인 척하다 · **18**

Let's 006강 **In my thirties (30s)** : 30대 · **19**

Let's 007강 **Run into someone** : -를 우연히 마주치다 · · · · · · · · · · · · · · **20**

Let's 008강 **Be supposed to** : -하기로 되어 있다, -하기로 하다 · · · · · · · · · **21**

Let's 009강 **My first** : 나의 첫 / 처음 · **22**

Let's 010강 **Throw away** : 버리다 · **23**

Let's 011강 **Take a walk** : 산책하다 · **24**

Let's 012강 **Show up** : 나타나다 · **25**

Let's 013강 **Fall asleep** : (피곤해서) 잠들다 · **26**

Let's 014강 **Wake up** : 일어나다 · **27**

Let's 015강 **Hilarious** : 엄청 웃긴 · **28**

Let's 016강 **Hassle** : 귀찮은 (번거로운) 상황 · **29**

Let's 017강 **Off the clock** : 근무가 끝나다 · **30**

Let's 018강 **Be very lucky to have** : -의 존재를 감사히 여기다 · · · · · · · · · **31**

Let's 019강 **Bummed out** : 속상하고 아쉬운 · **32**

Let's 020강 **Crave something** : -이 땡기다 · **33**

Let's 021강 **Have / has trouble -ing** : -을 잘못하다, 어려워하다 · · · · · · · · · **34**

Let's 022강 **Plan** : 계획(활용) · **35**

Let's 023강 **Have / has been** 활용 : 과거부터 현재까지 이어짐 · · · · · · · · · · **36**

Let's 024강 **Apology** : 사과 (활용) · **37**

Let's 025강 **Get on someone's nerves** : -의 신경을 건드리다 · · · · · · · · · · · · · · · · · · **38**

Let's 026강 **Be up to** : 근래 -하며 지내다 · **39**

Let's 027강 **Keep + -ing** 응용 : 계속해서 -을 하다 · **40**

Let's 028강 **Teamwork** : 협동 정신 · **41**

Let's 029강 **End up + -ing** : 결국 -하다 · **42**

Let's 030강 **Feel weird** : 기분이 이상하다 · **43**

Let's 031강 **Sign up for** : -을 신청하다, 등록하다 · **44**

Let's 032강 **Major in** : 전공하다 · **45**

Let's 033강 **Pet peeve** : 특히 싫어하는 것, 지극히 싫어하는 대상 · · · · · · · · · · · · · **46**

Let's 034강 **Clumsy** : 덤벙거리는, 어리버리한, 재빠르지 못한 · · · · · · · · · · · · · · **47**

Let's 035강 **Little things** : 사소한 것들 · **48**

Let's 036강 **Don't get me wrong** : 내 말 기분 나쁘게 듣지마 · · · · · · · · · · · · · · · **49**

Let's 037강 **So (   ) I** : 나도 그래! · **50**

Let's 038강 **Binge-read** : 몰아서 읽다 · **51**

Let's 039강 **Take time** : 시간이 걸리다 · **52**

Let's 040강 **Think through** : 심사숙고하다 · **53**

Let's 041강 **Blow someone away** : (좋은 뜻의) 깜짝 놀라게 하다 · · · · · · · · · · · · **54**

Let's 042강 **Ain't** : am not · **55**

Let's 043강 **Shopping spree** : 작정하고 왕창 사들임 · **56**

Let's 044강 **Be much** 비교급 **than** : -보다 더 -한 · **57**

Let's 045강 **In the whole wide world** : 이 세상 그 무엇보다도 · · · · · · · · · · · · · **58**

Let's 046강 **Wonder if** : 확실치 않을 때, 궁금할 때, 부탁할 때 · · · · · · · · · · · · · · **59**

Let's 047강 **It would be nice if** : 소망하다, 희망사항 · **60**

Let's 048강 **Look up** : 찾아보다, 검색하다 · **61**

C O N T E N T S

📘 049강 **Cheap shot** : 치사한 짓, 비열한 행동 · **62**

📘 050강 **Inside and out** : 외면 내면 모두 · **64**

📘 051강 **Sharing is caring** : 나눔의 미학 · **65**

📘 052강 **Sleep over** : (~에서) 하루 자다 · **66**

📘 053강 **Leave the house** : 집에서 나가다 · **68**

📘 054강 **For good** : 영원히 · **69**

📘 055강 **I don't know where** 응용 · **70**

📘 056강 **Sleep through** : -에 개의치 않고 쭉 자다 · · · · · · · · · · · · · · · · · **71**

📘 057강 **Come down with something** : 잔병에 걸리다 · · · · · · · · · · · · **72**

📘 058강 **Beat up** : 낡은, 닳은 · **73**

📘 059강 **See through** : 꿰뚫어 보다 · **74**

📘 060강 **Feel left out** : 소외감이 들다 · **75**

📘 061강 **Sprain** : 삐다, 접지르다 · **76**

📘 062강 **Pull it off** : 소화해내다 · **77**

📘 063강 **Make someone's day** : -의 하루를 행복하게 만들다 · · · · · · · · **78**

📘 064강 **Keep a low profile** : (관심을 피해) 조용히 지내다 · · · · · · · · · **79**

📘 065강 **Belated** : 뒤늦은 · **80**

📘 066강 **Fill someone in** : -에게 있었던 일에 대해 알려주다 · · · · · · · · · **81**

📘 067강 **Go on a diet** : 다이어트 하다 · **82**

📘 068강 **Cut down on something** : -을 줄이다 · **83**

📘 069강 **Suck at** : 못하다 · **84**

📘 070강 **Mean it** : 진심으로 말하다 · **85**

📘 071강 **Pretty tight** : 꽤나 친한 · **86**

📘 072강 기분이 별로일 때 · **87**

📘 073강 **Catch some Z's** : 자다 · **88**

📘 074강 **Get that a lot** : 자주 들어요 · **89**

📘 075강 **Shame on you** : 부끄러운 줄 알아 ·· **90**

📘 076강 **My jam** : 나의 **18**번 곡 ·· **91**

📘 077강 **Ride or die** : 언제나 내 편 ·· **92**

📘 078강 **Have / has been a minute** : 오랜만일 때 ······························· **93**

📘 079강 **Over the counter** : 처방전 없이 살 수 있는 일반 의약품 ·············· **94**

📘 080강 취향에 대한 의사표현 ··· **95**

📘 081강 **Stuffed** : 배가 매우 부른 ·· **96**

📘 082강 **Come in handy** : 쓸모가 있다, 요긴하게 쓰이다 ······················· **97**

📘 083강 **Hang up on someone** : -의 전화를 끊어버리다 ······················ **98**

📘 084강 비슷한 생각을 할 때 ·· **99**

📘 085강 **Make up** 다양한 쓰임 ··· **100**

📘 086강 **Hands down** : 의문의 여지없는 ··· **101**

📘 087강 **In a relationship** : 사귀는 사람이 있는 ······························· **102**

📘 088강 **Pull off** : (정차하기 위해) 도로를 벗어나다 ···························· **103**

📘 089강 **Check someone out** : (마음에 있는 이성을) 쳐다보다 ·············· **105**

📘 090강 **Kick in** : 효과가 (반응이) 나타나다 ····································· **106**

📘 091강 **In (size)** : -사이즈의 ·· **107**

📘 092강 **Get left on read** : 읽씹당하다 (메시지 읽고 답장받지 못하다) ········ **108**

📘 093강 **Suspicious** : 의심스러운, 수상쩍은 ···································· **109**

📘 094강 **Run an errand** : 심부름을 하다, 볼 일을 보다 ························ **110**

📘 095강 **Revenge on** : 복수하다 ·· **111**

📘 096강 **Bomb** : -이 정말 맛있는 ··· **112**

📘 097강 **Things are looking up** : 상황이 호전되다 ·························· **113**

📘 098강 **Baby something** : 애지중지하다 ·· **114**

📘 099강 **Don't quote me on** : 확실치 않은 정보에 대해 말할 때 ············· **115**

📘 100강 **Camera-shy** : 사진 찍는 것을 좋아하지 않는 ······················ **116**

C O N T E N T S

📖101강 **Pick-me-up** : 활력소 ·· **117**

📖102강 **Run low on something** : -이 다 떨어져 가다 ···················· **118**

📖103강 **Embarrass** : 당황스럽게 / 난처하게 만들다 ···················· **119**

📖104강 **Be bad with** : -에 약하다, 잘 못하다 ························· **120**

📖105강 **Excited** : 신이 난, 들뜬, 기대되는 ···························· **121**

📖106강 **Jaywalk** : 무단횡단하다 ····································· **122**

📖107강 **Get pulled over** : (경찰이) 차를 갓길로 세우다 ················ **123**

📖108강 **Talk someone into something** :
(누구를) 설득시켜 (무언가를) 하게 만들다 ··· **124**

📖109강 **Be joined at the hip** : 항상 같이 붙어 다니다 ················ **125**

📖110강 **Right up my alley** : 내 스타일이다, 취향저격이다 ············· **126**

📖111강 **Be in the know** : -에 대해 잘 알다. 정보에 밝다. ············· **127**

📖112강 **If this isn't (…), I don't know what is** :
이게 -이 아니라면, 도대체 뭐가 -? ··· **128**

📖113강 **Legwork** : 발품을 많이 팔아야 하는 일, 시간과 노력이 많이 드는 일 ····· **129**

📖114강 **On a whim** : 즉흥적으로, 충동적으로 ························· **130**

📖115강 **Wrap one's head around** : 제대로 파악하다, 이해하다 ··········· **131**

📖116강 **Don't let something get to** : -에 너무 개의치 마 ············· **132**

📖117강 **Let it slide** : (실수를) 눈 감아주다 ······················ **133**

📖118강 **Haggle** : 흥정하다 ··· **134**

📖119강 **Munch on something** : -을 먹다, 군것질하다 ················ **135**

📖120강 **Get the hang of** : 이해하다, 파악하다, 적응하다, 감을 잡다 ··········· **136**

📖121강 **A daily dose of something** : 하루에 충족시켜줘야 할 어떤 것의 양 ··· **137**

📖122강 **Scoot over** : 자리를 좁혀 앉다 ··························· **138**

📖123강 **At this hour** : 이 오밤중에 ····························· **139**

📖124강 **In a pickle** : 곤경에 처한, 난감한, 곤란한 ················· **140**

Must be very hungry : 정말 배고프겠다

You must be very hungry now!
너 지금 진짜 배고프겠다!

 Dialogue

A

What did you have for breakfast?
너 아침 식사 뭐 먹었어?

- **What'd** : What did의 단축형으로, 빨리 말할 때 자주 쓰임
- **have** = eat
- **breakfast** : 회화에서 breakfast, lunch, dinner 앞에는 'the'를 쓰지 않음을 주의
  (단, '음식'이 아닌 '식사 자리(event)'의 의미로 쓰일 경우 'the'가 올 수 있음)

B

Well, actually, I skipped breakfast.
응, 사실 밥 못 먹었어.

- **Actually** : 실은 (앞 상황과 반전일 때 주로 사용한다)
- **skip** = don't have (don't eat)

A

Gosh, you must be very hungry now!
세상에, 너 지금 진짜 배고프겠다.

- **Gosh** : 저런, 세상에!
- **must be** : 틀림없이 - 할거야
- **very hungry** = starving
- **You must be starving to death** : 너 굶어 죽겠다
  (**TIP** 배고픔을 극대화하고 싶다면 starving 뒤에 to death 넣어주기!)

배가 고프면 (**hungry**) 사람이 날카롭고 예민해지는 것 (**angry**) 때문에 합성어 **hangry** (형용사)가 탄생함

Nag at someone : -에게 잔소리하다

My mom nags at me all the time.
우리 엄만 항상 나한테 잔소리해.

 Dialogue

A

Ugh, I'm so <u>annoyed</u>.
으, 나 완전 짜증나

• **be annoyed** : (대상이) -에 의해 짜증이 나다, 화가 나다
• **be annoying** : (대상을) 짜증나게 만들다

B

Hmm, <u>let me guess</u>.
Did your mom <u>get on your nerves</u> again?
내가 한번 맞춰볼까? 너희 엄마가 또 너의 신경을 건드렸구나?

• 여기서 '**let me guess**'의 뉘앙스 : 네가 말 안 해도 뭔지 알 것 같아
• **get on someone's nerves** : -의 신경을 건드리다, 짜증나게 하다

A

My mom <u>nags at me all the time</u>!
엄마는 항상 나한테 잔소리해

• **all the time** : 아주 자주, 내내, 항상

---

nag at someone = scold someone = lecture someone (꾸짖다, 혼내다)

Break up with : -와 헤어지다, 헤어지자고 하다

My boyfriend broke up with me.
남자친구가 나한테 헤어지자고 했어.

Dialogue

A

My goodness! You look miserable. Is everything alright?

세상에, 너 안 좋아 보여. 별일 없니?

- **My goodness** : 세상에, 이를 어째, 아이고
- **look miserable** : 꼴이 말이 아니네, 안 좋아 보여
- 여태 '너 괜찮아?'를 'Are you okay?'로만 알고 있었다면 'Is everything alright?'도 함께 익히자!

B

Sigh … not really. My boyfriend broke up with me.

휴, 안 괜찮아. 내 남자친구가 나에게 헤어지자고 했어.

- 우중충한 느낌의 한숨 소리를 글로 표현할 땐 'Phew'가 아닌 'Sigh!'
- 전혀 안 괜찮을 땐 'No' 대신 참신하게 'Not really'!

---

break up with = dump (-를 차버리다, -에게 차이다)

Act as if : -인 척하다

She acted as if she knew nothing.
그녀는 자기는 아무것도 모른다는 식으로 행동했다.

 Dialogue

A

> I can't stand her. She's so annoying!
> 나는 걔(그녀)를 참을 수 없어. 걔(그녀) 너무 짜증 나.

· can't stand someone : -가 꼴도 보기 싫다
· be annoying : 어떤 것 자체가 짜증이 나다, 상대방을 짜증나게 하다

B

> Seriously! Did you see her yesterday?
> 진짜! 어제 걔(그녀) 하는 거 봤어?
>
> She acted as if she knew nothing!
> 마치 아무것도 모르는 것처럼 행동했어.

· 여기서 'Seriously'의 뉘앙스 : '심각하게', '진지하게'가 아닌,
  '그러니깐! 내 말이!' 같은 맞장구의 의미

---

act as if = act like = pretend to + 동사 (-인 척하다)

In my thirties (30s) : 30대

I'm in my thirties now.
저 이제 30대예요.

😊 Dialogue

A

Jeez, I can't believe I'm in my thirties now.
와 세상에, 내가 30대라니 믿을 수 없어.

• **Jeez** : 이 맥락에선 놀람과 충격의 의미를 지님
• **in my**(early / mid- / late) **_s** 으로 _대 초반, 중반, 후반 표현이 가능하며,
   my 자리에는 상황에 맞는 소유격이 꼭 들어가야 함!

Gosh, time flies. We're getting old.
와, 시간 빠르다. 우리도 늙네…

B

• **Gosh** : jeez와 같은 맥락
cf 'Time flies(세월 참 빠르다)'를 조금 더 참신하게 표현하고 싶다면,
   'Where has the time gone?(세월이 언제 이렇게 흐른 거지?)'를 사용해보자!

A

Exactly.
그래!

• **Exactly** : (상대의 말에 맞장구치며) 맞아, 내 말이!

10대 표기법은 **tens**가 아닌 **teens**

19

Run into someone : -를 우연히 마주치다

I ran into my ex-girlfriend on the street.
나 길에서 우연히 전 여자친구 마주쳤어.

 Dialogue

A

Dude, guess what?

야, 대.박.사.건!!!

- **Dude (informal)** : 보통은 남자끼리 서로를 부를 때 혹은 여자가 남자를 부를 때 사용되지만, 여자-여자끼리도 'hey'의 의미로 종종 쓰임
- **Guess what?** : 이야기 본론으로 들어가기 전에 밑밥깔기용으로 흔히 사용됨

 B

What?

뭔데?

A

I ran into my ex-girlfriend on the street.

나 길에서 우연히 전 여자친구 마주쳤어.

- 알맞은 표기법 : ex와 girlfriend 사이에 'hyphen(-)' 넣기!
- **ex-girlfriend, ex-boyfriend, ex-wife, ex-husband** 에 한해 'ex' 단독으로 사용 가능

run into = bump into (-를 우연히 마주치다)

Be supposed to : -하기로 되어 있다, -하기로 하다

I was supposed to meet my friend.
나 친구 만나기로 되어 있었어.

 Dialogue

A

Hey, Simon. Are you <u>home</u>?

사이먼, 너 집에 있니?

Q : Are you 'at' home 아닌가요?
A : 미국에선 **at**을 생략해 말하는 추세입니다

B

Yup, I <u>was supposed to</u> meet my friend,

어, 친구 만나기로 되어 있었는데,

but she cancelled <u>at the last minute</u>.

걔(그녀)가 약속 시간 거의 다 되어서 취소했어

• **was / were supposed to**가 **but**과 함께 올 경우 : 계획이 틀어졌을 때
• **at the last minute** : 마지막 순간에, 임박해서

 A

Oh, <u>sweet</u>. Can I <u>come over</u> then?

오 잘 됐다! 나 그럼 너네 집 가도 돼?

• 여기서 **sweet**의 뉘앙스 : '달콤한'이 아닌 잘 됐다!
• **come over** : -의 집에 가다 혹은 -를 나의 집으로 초대할 때 쓰임

be supposed to : -하기로 되어 있다, **be not supposed to** = -하면 안 된다, 금지되어 있다

My first : 나의 첫 / 처음

This is my first time going to Canada.
나 캐나다 처음 가봐!

 Dialogue

A

Have you been to Canada?
너 캐나다 가본 적 있어?

• **Have you been to + place** : -에 가 본 적 있니?라는 뜻으로,
'**Have you ever been to**' 처럼 '**ever**'를 넣으면 '한 번이라도 가 본 적 있니?'라고
좀 더 경험에 관련해서 물어보는 의미가 된다

B

Nope! This is my first time going to Canada.
아니. 나 이번에 처음으로 캐나다 가보는 거야.

• 앞에서 이미 '**Canada**'가 언급 되었기 때문에 **to Canada**를 **there**로 바꿔주면
흐름이 더 자연스러움

A

Oh really? I think you'll love it there.
오 그래? 엄청 좋아할 거야.

• '**love**'은 사랑이라는 뜻 외에도 '**like very much**' '**enjoy**'의 의미도 있음

This is / It is + my first + 명사 : 이게 / 이번이 나의 첫 번째 - 야

Throw away : 버리다

I'm going to throw away my sofa today.
오늘 소파 갖다 버릴 거야.

 Dialogue

A

How long have you had (owned) your sofa?
너 소파 몇 년이나 썼어?

•**How long have you + p.p.** : '기간'의 뜻을 지님

B

Oh, I've had it for years.
오, 오래 썼어.

Actually, I'm going to throw away my sofa today.
사실, 오늘 안 그래도 소파를 버리려고 했어.

•'오랫동안', '긴 시간 동안'을 'for a long time'으로만 표현했다면,
이젠 참신하게 'for years'를 사용하자!
•**Actually** : 안 그래도, 그렇지 않아도
•'**throw away my sofa**' 혹은 '**throw it(my sofa) away**' 도 가능

throw away = get rid of = dump (없애다, 처분하다)

Take a walk : 산책하다

I took a walk along the river.
나 강가를 따라 산책 좀 했어.

 Dialogue

A

Andy, what did you do yesterday?

앤디, 너 어제 뭐 했어?

B

Oh, yesterday was my <u>day off</u>.

오, 나 어제 쉬는 날이었어.

So, I <u>took a walk along</u> the river.

그래서 강가를 따라서 산책을 좀 했어.

- 전 문장에서 이미 'yesterday'가 언급되었기 때문에 중복을 피해 'it'으로 바꿔주는 것도 굿!
- **day off** : (근무) 쉬는 날
- **along** : 길게 일정 동선을 쭉 따라서

A

Nice! We should go together <u>sometime</u>.

좋다! 우리도 같이 가자.

- **sometime** : '언제 시간 될 때' (미래)
- **sometimes** : '가끔' (과거, 현재의 습관)

---

take a walk = go for a walk(산책하러 가다)
take a shower(샤워를 하다), **take a nap**(낮잠을 자다)

24

입빵2

Show up : 나타나다

My coworker never shows up on time.
내 직장 동료는 늘 지각해.

😜 Dialogue

Ugh, not again!
으, 또야?

•Ugh : 짜증 섞인 불만감을 표출할 때 쓰임

Hey, are you alright? You seem pretty upset.
야, 너 괜찮아? 너 꽤 화가 나 보여.

B

•pretty : 꽤나
•upset : 기분이 언짢은

Well, my sister and I were gonna go to the movies tonight,
우리 언니랑 나랑 오늘 저녁에 영화 보러 가기로 했는데,

but it looks like she's not gonna show up.
보아하니 언니가 나타나지 않을 것 같아.

•was / were going to : -하려고 했다 (be going to의 과거형)
•go to the movies : 영화 보러 가다
•look like : -할 것 같다, -할 것처럼 보이다

show up early (일찍 오다), show up on time (제시간에 오다), show up late (늦게 오다)

25

Fall asleep : (피곤해서) 잠들다

I fell asleep as soon as I got home.
나 집에 오자마자 잠들었어.

 Dialogue

A

> Man, yesterday was <u>rough</u>.
> 이런, 어제는 힘들었어.

•**rough** : 고된, 힘든

B

> I know, I <u>literally</u> <u>fell asleep</u> as soon as I got home.
> 맞아, 말 그대로 집에 오자마자 잠들었어.

•**literally**(부사) : 말 그대로, 그야말로 (문장을 '강조'하는 역할)
•**literal**(형용사) : 문자 그대로의, 직역의

A

> <u>Same here</u>. I just <u>passed out</u>.
> 나도 마찬가지야, 바로 기절하듯 잠들었어.

•**Same here** = Me too
•**fall asleep**에서 'exhausted' 느낌을 조금 더 내고 싶다면 **pass out**을 써보자!

---

fall asleep = **pass out** = **crash** (기절하듯 쓰러져 잠들다)

Wake up : 일어나다

I wake up early in the morning.
나 아침에 일찍 일어나.

 Dialogue

A

Hey, I <u>ran into</u> your brother <u>at the gym</u>.

야, 나 너네 오빠랑 헬스장에서 우연히 마주쳤어.

•**run into** : -를 우연히 만나다, 조우하다
•**at the gym** : 헬스장에서

B

Really? When?

진짜? 언제?

A

Um⋯ <u>around 5 a.m.?</u>

음⋯ 한 새벽 5시쯤?

•**around** : 보통 장소 앞에 쓰일 때는 '주변에'라는 의미이고,
　　　　　'시간'앞에 쓰일 때는 '-경, -쯤'의 의미
•'이른 아침, 새벽' : a.m.을 'in the morning'으로 바꿔줄 수 있음

B

Oh, yeah. My brother <u>wakes up</u> early in the morning.

오, 그랬구나. 우리 오빠는 보통 일찍 깨는 편이야.

•**wake up** : (잠에서) 깨다 / **get up** : (일상을 시작하기 위해) 침대에서 일어나다

---

wake up early = be an early (bird / riser) = be a morning (person / lark)
: 일찍 일어나다 = 아침형 인간이다

Hilarious : 엄청 웃긴

My friend Jessie is absolutely hilarious.
내 친구 제시는 정말 너무 웃겨.

 Dialogue

A

Hey, do you know this girl?
야, 너 이 여자애 알아?

B

Oh, Jessie? Of course, I know her.
오 제시? 당연히 알지.

She's <u>absolutely</u> <u>hilarious</u>. But why?
걔(그녀)는 정말 너무 재미있어. 그런데 왜?

•**absolutely** : 완전
•**hilarious** : 아주 우스운, 재미있는

A

Oh, I met her at my friend's <u>wedding</u>.
오, 내 친구 결혼식에서 만났어.

<u>Man</u>, she's <u>the life of the party</u>.
그녀는 분위기 메이커야.

•**wedding** : 결혼식 결혼'식'이라고 해서 뒤에 '**ceremony**' 붙이지 않음을 유의!
•**Man** : 감탄사
•**the life of the party** : 분위기 메이커
🆎 반대로 파티에서 산통 깨는 사람은? **A party pooper!** 혹은 **A killjoy!**

---

hilarious = crack someone up (배꼽 도둑 수준으로 웃긴)

Hassle : 귀찮은 (번거로운) 상황

It's such a hassle!
너무 귀찮아!

😊 Dialogue

A

Hey, <u>did you</u> take your passport photo <u>yet</u>?
야, 너 여권 사진은 찍었어?

•**Did you** ··· **yet?** : 아직(도) - 안했어?

B

Uhhh ··· nope?
아··· 아니

A

Dude, are you kidding? Our <u>business trip</u> is next week.
너 진짜 장난해? 우리 출장 다음 주야!

Gosh, you're such <u>a sloth</u>.
와, 너 정말 게으르다

•**business trip** : 출장   •**a sloth** : (나무늘보와 같은) 나태하고 태만한 사람

B

I'll <u>make sure to</u> take <u>one</u> tomorrow.
으, 알겠어. 내일은 가서 꼭 찍을게.

Gosh, it's <u>such a hassle</u>.
정말 너무 귀찮다.

•**Make sure to** : 꼭 - 하다   •여권사진을 'one'으로 대체해 줌

don't feel like -ing (-하고싶지 않다 / -할 기분이 아니다)는 문맥에 따라 **be a hassle**의 의미를 내포하기도 함

29

Off the clock : 근무가 끝나다

I'm almost off the clock.
나 퇴근 시간 거의 다 되어가.

 Dialogue

A

Ashley, you seem <u>quite</u> excited.
애슐리, 너 꽤나 기분 좋아 보이는데?

Are you going somewhere <u>after work</u>?
너 일 끝나고 어디 가기라도 해?

•**quite** : 꽤나
•**after work** : 퇴근 후에

B

Oh, I'm just <u>genuinely</u> happy that I'm almost <u>off the clock</u>.
퇴근 시간이 다 되어가서 너무 행복해.

•**genuine** (형용사) : 진실한, 진심 어린
•**genuinely** (부사) : 순수하게, 진심으로
•**off the clock** : 근무 시간 외

 A

Oh gosh, it's already six? Let's pack up our <u>stuff</u>!
어머! 벌써 6시야? 그럼 어서 짐 싸자!

•**stuff** : 다양한 뜻이 있으나 여기서는 '물건, 짐'으로 해석됨

---

off the clock = get off work (퇴근하다) : '칼퇴하다'는 **get off at** [시간] **sharp**

Be very lucky to have : -의 존재를 감사히 여기다

I'm very lucky to have a friend like you.
너 같은 친구가 있음에 감사해.

Dialogue

A

Sam, I just <u>wanna</u> say that <u>I'm very lucky to have</u> a friend like you.
샘, 너 같은 친구가 있어서 나는 정말 행운이라고 말하고 싶어.

- •wanna = want to
- •be very lucky to have : -가 있어서 너무 행복해, 감사해

B

Aw, that <u>means a lot</u>.
그 말은 나에게도 큰 의미가 있어.

- •여기서의 'means a lot'은 'thank you'로는 표현할 수 없는 '감동+고마움'의 의미를 지님

A

<u>Seriously</u>, what would I do without you?
정말, 나는 너 없으면 어떻게 살지?

- •Seriously : 진심으로, 진지하게

B

Aw, I'll always <u>be right by your side</u>.
내가 항상 네 곁에 있어줄게.

- •be right by your side : 바로 곁에 있어주다, 함께하다

---

be (very) lucky to have = be (so) blessed to have (정말 행운 / 축복이다)
'**Bless** = 축복하다'의 문화적 사용: 누군가가 재채기를 할 땐? **God bless you!** 혹은 **Bless you!**

Bummed out : 속상하고 아쉬운

I'm bummed out that my plans fell through.
내 계획에 차질이 생겨서 아쉽고 속상해.

Dialogue

A

Hey, why the long face? Is everything alright?

야, 왜 이렇게 시무룩해 있어. 무슨 일 있어?

• long face : 시무룩한 얼굴
• (Is) everything alright? : 대화 혹은 문자 시 (비 격식) 동사 'is'를 생략하는 경우가 허다함

Well, I'm just bummed out that my plans fell through. **B**

그냥 일에 차질이 생겨서 기분이 좀 별로야.

• just : 그냥
• be bummed out : 기분이 완전 별로이다, 속상하다, 아쉽다
• bum someone out : -을 속상하게 하다, 실망시키다
• fall through : -에 차질이 생기다, 틀어지다, 무산되다

A

Keep your chin up, man!

기운 내 친구야.

These things happen. Just move on!

이런 일들 흔하게 있는 일이잖아! 그냥 넘어가!

• Keep your chin up : 낙담하지 마, 기운 내
• Move on : 대수롭지 않게 여기고 넘어가다

That's / It's a bummer! : (어떤 상황에 대해) 그것 참 안됐네 / 아쉽네 / 실망스럽네

Crave something : -이 땡기다

I've been craving pizza for days.
나 며칠 째 피자가 너무 먹고 싶어 (땡겨).

Dialogue

A

Brenda, I've been <u>craving</u> pizza <u>for days</u>.
브랜다, 나 며칠째 피자가 정말 먹고 싶었어.

•**for days** : 며칠 동안, 며칠 째
•**for years** : 오랫동안

Dayum, pizza sounds so good right about now. **B**
와, 지금 피자 딱 당기는데.

•**Dayum** : (비격식) 'Damn'을 늘어뜨려 소리 나는 대로 적을 때 사용됨
친구끼리 'Damn' : 보통 '헐' 혹은 '와' 같은 충격 / 놀람의 표현

A

I know, right? Let's order one. <u>It's on me</u>.
그치? 바로 주문하자. 내가 살게.

•**It's on me** : 내가 쏠게, 내가 돈 낼게

Wow, really? Are you sure about that? We can <u>split the bill</u>. **B**
와 정말? 네가 쏠 거야? 반씩 내도 되는데.

•**split the bill** : 비용을 **n**분의1 하다

---

crave something = have a craving for something = feel like something
(어떤 먹는 것 혹은 마시는 것이 당기다)

Have / has trouble -ing : -을 잘못하다, 어려워하다

He has trouble picking what to eat.
개는 뭘 먹을지 결정을 잘 못해.

 Dialogue

A

Hey, it's almost lunch. Let's go grab something to eat.
벌써 점심시간 다 되어간다. 우리 밥 먹으러 가자.

- **grab** : 붙잡다, 잡아채다 뒤에 '음식 연상되는 단어'가 나오면 '-을 먹다'로 해석
- **grab something to eat** : 밥 먹으러 가다

B

Yeah, sure. Can Simon come with us?
오 좋지. 근데 사이먼 같이 와도 돼?

- **come with** : 동행하다

A

Uh … no? He has trouble picking what to eat, you know?
음… 아니..? 너도 알잖아, 그는 음식 고르는 데 너무 오래 걸려.

It's gonna take forever.
평생 걸릴 거야.

- **have trouble -ing** : -하는데 어려움을 겪다, 쉽게 -하지 못하다
- **take forever** : 시간이 굉장히 오래 걸리다

결정을 잘 못하는 사람이라면? '**be indecisive**(우유부단하다)'를 사용해줘도 굿!

Plan : 계획(활용)

I don't have anything planned after work.
나 일 끝나고 아무 계획 없어.

😋 Dialogue

A
Hey, when do you get off work?
야, 너 언제 퇴근해?

B
Well, actually ⋯ I'm almost off the clock.
음, 나 곧 퇴근 시간 다 되어가.

A
Oh, great! If you don't have anything <u>planned</u> after work,
let's <u>go watch a movie</u>!
오 잘됐다. 너 일 끝나고 다른 약속 없으면 영화 보러 가자.

•**planned** : 계획된, 약속이 된, 일정이 짜여진
•**go watch a movie** : (영화관에) 영화를 보러 가다

B
<u>Sounds like a plan!</u>
좋은 계획이야!

•**Sounds like a plan** : 'Sounds good!' 혹은 'Sure, let's do it!' 같은
'좋아, 그렇게 하자!' 의 의미를 지님

---

don't have anything planned= have nothing planned = don't have any plans= have no plans

35

Have / has been 활용 : 과거부터 현재까지 이어짐

I've been living alone for ten years.
나 혼자 산 지 10년 됐어.

 Dialogue

A
Oh my goodness, how do you keep your house
so neat like this?

어머나, 어떻게 이렇게 집을 깔끔하게 정리하니?

- **Oh my god / gosh / goodness** : 이 맥락에선 놀라움을 뜻하지만,
이런 감탄사는 말하는 '톤'에 따라 의미가 변한다는 걸 늘 명심해 두자!
- **keep** : -인 채로 유지하다
- **neat** : 정돈된, 깔끔한
- **like this** : 이렇게, 이처럼

B
Well, I've been living alone for ten years, you know?

음, 너도 알다시피 나 혼자 산 지 10년 됐어.

- 문장 끝에 오는 **you know** : 추임새 느낌의 '너도 알다시피'

A
Um, I've been living alone for quite a while too,
but my house doesn't look like this.

음, 나도 혼자 꽤 오래 살았지만, 내 집은 이렇지 않아.

- '오랫동안'을 **for a long time**으로만 표현할 수 있다는 그 생각! 이제 버리자
'for quite a while'도 사용할 수 있다!

I've been -ing (현재완료진행형) 특정 시점부터 현재까지 **계속**하고 있다는 걸 의미할 때 사용

Apology : 사과 (활용)

I received an apology from my friend.
나는 내 친구에게 사과를 받았어.

😋 Dialogue

A

Hey, I heard you and Cindy <u>had a fight</u>.
야, 너랑 신디랑 싸웠다는 거 들었어.

Are you guys <u>cool</u> now?
너네 이제 괜찮아? (화해한 거야?)

•**have a fight** : (맥락에 따라) 말로 다투다 혹은 주먹다짐 하다
•**be cool** : 침착하다, 괜찮다

B

Well, yeah. <u>Sort of.</u>
음, 그런가.

I <u>received an apology</u> from her, but I'm still upset.
사과를 걔(그녀)한테 받긴 했는데, 아직도 기분이 별로야.

•**sort of** : 뭔가 애매한 경우 사용   •**receive an apology** : 사과를 받다

A

Oh … well, <u>at least</u> she apologized first.
음… 그래도 걔(그녀)가 먼저 사과는 했잖아.

You <u>gotta</u> <u>give some credit for</u> that.
그 용기는 인정해줘야 해.

•**at least** : 적어도   •**gotta** : -해야 한다 '**have got to**'의 비격식 줄임 표현
•**give some credit for** : 어느 정도 인정해주다

---

apologize (사과하다), **owe someone an apology** (-에게 사과해야 한다고 생각하다)

37

Get on someone's nerves : -의 신경을 건드리다

A customer really got on my nerves.
손님이 되게 내 신경을 건드렸어.

 Dialogue

A
Simon, you look mad. Did something happen <u>at work</u> today?
사이먼, 너 화나 보여. 오늘 회사에서 무슨 일 있었어?

•**at work** : 회사에서

B
Ugh, <u>don't get me started</u>.
으, 시작도 하지마. (말도 마)
A customer really <u>got on my nerves</u>.
손님이 내 신경 되게 건드렸어.

•**Don't get me started** : (말 하자면 끝도 없으니) 시작도 하지마
•**get on my nerves** : 내 신경을 건드리다

A

Aw, man. <u>I'm sorry</u>.
아, 안됐다.
We all have <u>one of those days</u>, you know? <u>Life is hard</u>.
알다시피 다들 그런 날들이 있어. 인생은 어려워

•**I'm sorry** : 사죄의 의미가 아닌 '에구, 저런'의 뜻
•**one of those days** : 일이 잘 안 풀리는 혹은 속상한 날
🎵 좀 더 힙하게 표현을 하고 싶다면 **Life is hard** 를 'Life ain't easy'로 바꿔보자!

---

get on someone's nerves = drive someone nuts = piss someone off
(-를 화나게 하다)

Be up to : 근래 -하며 지내다

I have no idea what she's up to these days.

나는 요즘 그녀가 어디서 뭐하고 지내는지 전혀 몰라.

 Dialogue

A

> Hey, do you still <u>keep in touch with</u> Sera?
>
> 야, 너 아직 세라랑 연락하고 지내?

 •**keep in touch with** : -와 연락하고 지내다

> Uh, nope? <u>I have no idea</u> what she's <u>up to</u>. Why?
>
> 어, 아니? 나는 요즘 걔(그녀)가 어디서 뭐하고 지내는지 전혀 몰라. 왜?

B

 •**I have no idea** = **I don't know**
 •**be up to-** : 근래 -하며 지내다

A

> Hmm, she's been <u>MIA</u>. I'm <u>kind of</u> worried about her.
>
> 음, 걔(그녀) 소식을 도통 알 수가 없어. 난 걔(그녀)가 좀 걱정돼.

 •**MIA** : 전투에서 행방불명 / 실종이 된'에서 유래된 말로써, 회화에서는 '연락이 안 되는,
  소식을 알 수 없는' 정도로 해석된다 (**missing in action**의 줄임말)
 •'**kind of**'의 구어체 발음 : 카인-**duh**, **kai-nuh** 혹은 카-**nah**

---

be up to의 다양한 뜻	**be up to** + (사람): -의 결정에 달려 있다 / -의 마음이다
	be up to something: 뭔가 꾸미다, 하다, 꿍꿍이가 있다
	be up to no good: 나쁜(좋지 않은) 일을 꾸미다
	What are you up to? = **What are you doing?** (너 뭐 하고 있어?)

Keep + -ing 응용 : 계속해서 -을 하다

I keep having trouble falling asleep at night.
나 밤에 자꾸 잠이 잘 안 와. 저녁에 통 잠을 못 자.

 Dialogue

A

Oh no, Sera! You <u>look rough</u>. How are you feeling today?
오, 세라야 너 안 좋아 보여. 컨디션 괜찮아?

•**rough** : 거친, 꺼칠한
•**look rough** : 몰골이 말이 아니다

B

Ugh, not so great.
으, 아니.

I don't know why, but I <u>keep having trouble</u> <u>falling</u>
<u>asleep at night.</u>
나도 잘 모르겠는데, 요즘 밤에 잠을 잘 못 자.

•**keep -ing** : -을 지속하다
•**have trouble -ing** : -하는데 어려움을 겪다

A

Oh my gosh, do you really not know why?
세상에, 정말 왜 그런지 모르겠어?

You <u>take a long nap</u> <u>every single day.</u>
너는 매일 긴 낮잠을 자잖아.

•**take a long nap** : 길게 낮잠을 자다
•**every single day** : 매일 매일

a light sleeper (잠귀가 밝은 사람), **insomnia** (불면증), **keep waking up** (계속 깨다)
toss and turn (잠 못 들고 몸을 이리저리 뒤척이다)

Teamwork : 협동 정신

After my husband vacuums the floor, I do the mopping.
우리 남편이 청소기를 돌리고 나면, 나는 걸레질을 해.

Dialogue

A

Gosh, Melissa! How do you keep your house so clean?
세상에, 멜리사! 어떻게 집을 이렇게 깨끗하게 유지해?

B

Oh, it's really <u>all about teamwork</u>, you know?
이게 다 합작품이지 뭐.

•**all about something** : 핵심은 -이다

A

Oh, do you and your husband <u>share the housework</u>?
오, 너와 네 남편은 집안일을 분담해서 하니?

•**share the housework** : 가사일을 분담하다

B

Yeah, when he vacuums the floor, I do the mopping.
응, 우리 남편이 청소기를 돌리고 나면, 나는 걸레질을 해.

And when he does the dishes, I <u>throw out</u> the food waste.
그리고 남편이 설거지를 하면, 나는 음식물 쓰레기를 갖다 버려.

•**throw out** : 내다 버리다

vacuum (진공청소기로 청소하다) **wash / do the dishes** (설거지를 하다)
throw / take out the food waste (음식물 쓰레기를 내다버리다)

End up + -ing : 결국 -하다

I ended up quitting my job.
나 결국에는 회사를 그만두었어.

 Dialogue

A

Hey Linda, is your company hiring <u>at the moment</u>?

린다야, 너네 회사는 지금 채용 중이니?

•**at the moment** : 지금, 현재

B

Oh, umm … I <u>ended up</u> <u>quitting</u> my job.

오, 음… 나 고민하다가 결국 회사를 그만뒀어.

So, <u>unfortunately</u>, I don't have an answer for that.

그래서 아쉽게도 (미안하게도) 알려줄 수가 없어.

•**end up -ing** : 결국 -하다
•**Unfortunately** : 미안하지만, 아쉽게도

A

Oh, you did? So, are you <u>in between jobs</u> now?

오 그랬니? 그러면 너 지금 일 구하는 중이니?

•**in between jobs** : 지금은 일을 쉬고 있는, 다른 일을 구하는 중인
(한마디로 '백수' 인 상태를 잘 포장한 표현)

will end up = will wind up (결국 -하게 될 것이다)
I quit my job이랑 **I ended up quitting my job** 차이 알기

Feel weird : 기분이 이상하다

It feels weird that my sister's actually getting married.
우리 누나가 시집을 간다니 기분이 정말 이상해.

😍 Dialogue

Oh my gosh, is your sister <u>getting married</u> <u>for real</u>?
세상에, 너네 누나 결혼하는 거 진짜야?

•**get married** : 결혼하다 (시집 / 장가 가다)
•**for real** : 정말로, 진짜

Yup, it's really happening.
응, 진짜야.

It <u>feels weird</u> that my sister's actually getting married.
나도 우리 누나가 결혼한다니까 기분이 정말 이상해.

B

Wow, are you gonna <u>cry your eyes out</u> at the wedding <u>or what</u>?
와, 너 결혼식장에서 펑펑 우는 거 아니야?

•**cry your eyes out** : 눈이 붓도록 펑펑 울다 **cry**를 **bawl**로 바꿔줄 수 있음!
•**or what** : -인 거야 뭐야

feel weird = doesn't feel real = feel surreal (실감이 나지 않다)

Sign up for : -을 신청하다, 등록하다

I signed up for a morning swimming class.
나 아침 수영 수업 등록했어.

 Dialogue

A

Happy New Year, Tom!

새해 복 많이 받아, 톰!

So, what's your <u>New Year's resolution</u>?

그래서 너의 새해 결심은 뭐야?

•**New Year's resolution** : 새해 결심, 목표

B

Hmm, I wanna <u>stay fit</u> this year.

음, 올해는 건강 관리를 잘하고 싶어.

So ··· I'll <u>probably sign up for</u> a morning swimming class.

나는 아마도 아침 수영 수업을 등록할 것 같아.

•**stay fit** : 건강 (체력)관리를 잘 (유지)하다   •**probably** : 아마도
•**sign up for-** : -에 등록을 하다

A

Oh, yeah? Then, <u>do you mind if</u> I join you?

오, 그래? 그러면 내가 같이 해도 (등록해도) 괜찮을까?

<u>Cause</u> I wanna start my morning early and fresh, too!

왜냐면 나도 아침을 상쾌하고 일찍 시작하고 싶어.

•**Do you mind if** : -해도 될까? **Can**의 공손한 표현
•**Cause** : **Because**의 축약형으로, 회화에서 주로 쓰임

---

sign up for = register for (등록하다)

44

Major in : 전공하다

I'm majoring in computer science.
저는 컴퓨터 공학을 전공하고 있어요.

 Dialogue

A
Hey, which <u>college</u> did your brother go to?
야, 너네 형 대학 어디 나왔다고 했지?

•미국에서는 'college'와 'university'가 별 차이 없이 쓰임

B
Uh, he <u>went to</u> UC Berkeley and <u>majored in</u> computer science.
어, 우리 형 UC 버클리에서 컴퓨터공학 전공했어.

Why do you ask?
왜 물어보는 거야?

•**went to** : -를 다녔었다, 졸업했다
•**major in -** : -을 전공하다

 A
Oh, my younger brother is <u>applying for</u> college right now,
so I was just <u>curious</u>.
아, 내 남동생이 요즘 대학교에 지원 중이라 궁금해서 그랬어.

•**apply for** : -에 지원하다
•**curious** : 궁금한

---

major in (전공하다), **minor in** (부전공하다), **double major in** (복수전공하다)

Pet peeve : 특히 싫어하는 것, 지극히 싫어하는 대상

What is your biggest pet peeve?
네가 제일 싫어하는 행동이 뭐니?

😋 Dialogue

Hey Ryan, I'm just curious. What is your biggest <u>pet peeve</u>?

라이언, 그냥 궁금해서 물어보는거야. 너를 가장 짜증나게 하는 행동은 뭐야?

•**pet peeve** : 극혐 대상

B

Hmm, I'd say, people who <u>have no sense of</u> <u>common decency</u>.

음… 기본적인 상식이나 예의가 없는 사람들이 제일 싫어.

What about you?
너는 어때?

•**have no sense of** : -이 없다, -을 모르다
•**common decency** : 상식적인 기본 예절, 예의

Oh yeah, that's annoying. Hmm, me? I hate <u>free riders</u>.

아 그래, 그거 짜증나. 흠... 나? 나는 무임승차하는 사람들이 싫어

•**free rider** : 무임승차자, 아무것도 하지 않고 묻혀가는 사람
🎯 비슷한 맥락으로는 'freeloader(공짜로 얻어먹기만 하는 / 숟가락만 얹는 사람)'이 있다!

---

pet peeve (특히 싫어하는 어떤 것) = **bother** (거슬리다) = **bug**, **annoy** (짜증나게 하다)

Clumsy : 덤벙거리는, 어리버리한, 재빠르지 못한

I've been so clumsy lately that it's becoming a problem.
나 요즘 너무 덤벙거려서 큰일이야.

😋 Dialogue

A
My god, Cassy! Did you <u>drop</u> your phone again?
세상에, 캐시! 휴대폰 또 떨어트렸어?

•**drop** : 떨어트리다

B
Yeah, man … the screen is all <u>shattered</u>.
응… 화면이 다 깨졌어.
It's gonna <u>cost me a lot</u> to fix it.
고치려면 돈이 많이 들거야…

•**be shattered** : 산산조각이 나다
•**cost someone a lot** : 많은 비용이 들다

A
Gosh, you need to <u>stop being</u> so <u>clumsy</u>!
이런, 그만 좀 덤벙대!
I think it's <u>becoming a problem</u>.
조금 심각한 것 같아. (문제가 되고 있는 것 같아)

•**stop + -ing** : -하는 것을 그만해라
•**clumsy** : 재빠르지 못한, 서투른
•**become a problem** : 문제가 되다

clumsy = forgetful = so out of it (잘 잊어먹는, 건망증이 있는, 정신이 없는)

47

입빵2 회화 UP

Little things : 사소한 것들

Enjoy the little things in life.
소소한 행복을 즐기다.(소확행)

 Dialogue

A
> Dude, my brother <u>whines</u> about everything. It's so annoying.
> 야, 우리 오빠는 모든 것에 대해 다 징징거려. 너무 짜증나.

•**whine** : 불만을 갖다, 불평불만 하다, 찡얼거리다, 징징거리다

B
> Tell him to stop being such a <u>negative Nancy</u>.
> 너네 오빠한테 그만 좀 징징거리라고 해.
>
> He's gotta learn how to enjoy the <u>little things</u> in life.
> 그는 인생에 작은 것들을 즐기는 법을 배워야 해.

•**negative Nancy** : 늘 불평불만을 늘어놓는 사람
> ❹ 늘 부정적이고 우울한 성향을 가져 다른 사람 기분까지 우중충하게 만드는 사람은
> **Debbie Downer**!

A
> Well said.
> 잘 말했다.

•굳이 '**agree**'를 사용하지 않고 '그러게, 내 말이 그 말이야, 전적으로 동의해'를 표현하는 방법!

Enjoy / appreciate the little things in life = Find happiness in small things / everyday life

Don't get me wrong : 내 말 기분 나쁘게 듣지마

Don't get me wrong.
내 말 오해하지 말고 들어.

 Dialogue

A

Hey Susan, you're coming to my birthday party, right?
수잔아, 너 내 생일파티에 올 거지, 맞지?

B

Ah, <u>don't get me wrong</u>. <u>I'd love to</u> come,
아, 오해하지 말고 들어. 너무 가고 싶은데,

but my grandma's 80th birthday <u>celebration</u> <u>falls on the same day</u>.
우리 할머니 팔순잔치가 같은 날에 있어.

•**I'd love to** : 나도 그러고 싶어
•**celebration** : 기념행사, 잔치
•**fall on the same day** : 같은 날에 겹치다

A

Oh, alright. <u>No worries</u>.
오, 괜찮아. 걱정마.

•**No worries** = 괜찮아, 신경 쓰지 않아도 돼
 No worries와 같은 의미로 '**Oh, it's cool**'도 많이 쓰임

Don't get me wrong = Don't take it (this) the wrong way (오해 말고 들어)

49

So ( ) I : 나도 그래!

So (does / do / am / are / is) + 주어

= me too / same here / me as well

 Dialogue

A

Hey, guess what? I'm graduating this year. Good god, finally!

야, 맞춰봐. 나 올해 졸업해. 맙소사, 드디어!

- **Guess what?** : 그거 알아?
- **Good god** : 맙소사, 세상에 혹은 와~!

B

Oh my gosh, really?! So is my little sister! Congrats!

어머, 정말? 내 여동생도 그래! 축하해!

- **Congrats** : **Congratulations**의 줄임말

A

Thanks, what about your baby brother?

고마워, 너네 막내 남동생은?

- **What about** - : -는 어때?
- **baby brother** : 막둥이, 늦둥이 동생

B

Oh, he's a freshman in college and so is his girlfriend.

오, 우리 동생은 대학교 신입생이고, 그의 여자친구도 그래.

- **a freshman** : 대학교 1학년

---

have / has + p.p. 가 들어간 문장에 동의할 경우, 대답하는 방법!
☞ I've written a book. -> **So have I.** (나도 썼어.)
I've been to Chicago. -> **So have I.** (나도 가 본적 있어.)

Binge-read : 몰아서 읽다

I binge-read one of my favorite webtoons yesterday.

어제 내가 좋아하는 웹툰 중에 하나를 몰아서 읽었다.

😊 Dialogue

A

Hey, can you recommend me a good drama to watch?

야, 괜찮은 드라마 있으면 추천해줄래?

•**recommend** : 추천하다

Hmm, have you seen Hospital Playlist?
<u>A.K.A.</u> 슬기로운 의사생활?

음… 너 <슬기로운 의사생활> 봤어?

B

•**AKA** : 'also known as'의 줄임말로, '일명'이라는 뜻

A

No, but I guess I'll <u>binge-watch</u> <u>the entire thing</u> this weekend.

아니, 하지만 이번 주말에 몰아서 다 봐야겠다.

Thanks for the recommendation.

추천해줘서 고마워.

•**the entire thing** : 모든 것, 몽땅

binge-eat (폭식 / 과식하다) **binge-watch** (몰아서 보다) **binge-drink** (폭음 / 과음하다)

Take time : 시간이 걸리다

Finding a good job is something that takes time.
좋은 직장을 구하는 것은 시간이 걸리는 일이다.

 Dialogue

A

Oh, Sera! Gosh, <u>it's been forever</u>. How have you been?

어머, 세라야! 진짜 오랜만이다. 어떻게 지냈어?

•**It's been forever** : 정말 오랜만일 때
🔁 같은 의미로 '**Hey, stranger!**'도 잘 쓰입니다.

Oh, <u>same old same old</u>, you know?
I've just been <u>job hunting</u>.

오, 알다시피 늘 똑같지. 일자리 알아보면서 지냈어.

B

•**same old same old** : 늘 똑같다
•**have been job hunting** : 구직 활동을 해오다

A

Oh, really? Well, finding a good job is something
that <u>takes time</u>. So, <u>hang in there</u>, Sera!

오 정말? 글쎄, 좋은 직장 구하는 건 시간이 걸리는 일이야. 그러니 힘내, 세라!

•**Hang in there** : 조금만 더 버티다, 견디다, 힘내다

take(s) time = don't / doesn't happen overnight (하루아침에 되는 것이 아니다)

Think through : 심사숙고하다

Let me think this through.
시간을 두고 곰곰이 생각해볼게.

 Dialogue

A

Dude, Eric. I went to <u>a dealership</u> yesterday and <u>fell in love with</u> this car. Should I just <u>get</u> it?

에릭, 나 어제 차 보러 갔다가 너무 마음에 드는 차를 봤어. 그냥 살까?

•**a dealership** : 자동차 판매점
•**fall in love with-** : -에 매료되다
•**get = buy, purchase**

B

Hmm, I know you love cars, but <u>if I were you</u>, I would <u>think this through</u>. It's <u>a big purchase</u>, you know?

음 너 차 좋아하는 거 아는데, 내가 너였다면,
나는 진지하게 생각해볼 거야. 너도 알다시피 큰돈 쓰는 거잖아.

•**If I were you** : 내가 너였다면
•**a big purchase** : 큰 돈이 나가는 지출

A

Well, <u>you have a point</u>.
But I just can't stop thinking about that car!

그래, 네 말에도 일리가 있어. 하지만 그 차 자꾸 생각나!

•**You have a point** : 네 말도 일리는 있어

---

think through = **think over** (생각할 시간을 갖다), **sleep on it** (-에 대해 하룻밤 생각해보고 결정을 내리다)

Blow someone away : (좋은 뜻의) 깜짝 놀라게 하다

The pianist's performance blew me away.
그 피아니스트의 연주는 몹시 감동적이었어.

 Dialogue

A

Hey, how was the piano <u>recital</u> last night?
Man, can't believe I <u>missed out on that</u>.

야, 어젯밤 피아노 독주회 어땠어? 못 가서 너무 아쉬워.

•**recital** : 독주회, 연주회, 발표회　　•**miss out on sth** : -을 놓치다, 못 가다
•**Can't believe**와 같이 대화체에서는 상황에 따라 주어가 생략되기도 함!

B

<u>Oh-em-gee</u>, it was absolutely <u>jaw-dropping</u>.
OMG, (입이 떡 벌어질 정도로) 너무나 멋졌어.

Her performance literally <u>blew me away</u>.
그녀의 연주회는 몹시 감동적이었어.

•**Oh-em-gee** : 'omg(oh my god / gosh)'를 소리나는대로 표기
•**jaw-dropping** : 놀라서 입이 떡 벌어진

A

Ah, <u>dang it</u>! I should have gone.
아, 아쉽다(제기랄!). 나도 갔어야 했어.

•**Dang it** : (아쉬움을 표하며) 아, 이런!

B

Well, there's always next time, you know?
뭐(글쎄), 다음에 또 가면 되지. (다음 기회가 항상 있어). 알지?

blow someone away = **be mind-blowing**(형용사) = **be blown away** (어떤 것이 인상적이어서 감탄하다)

Ain't : am not

I ain't gonna apologize first.
나는 먼저 사과하지 않을 거야.

😝 Dialogue

A

Dude, you and Simon need to <u>chill out</u>.
너랑 사이먼은 좀 진정해야 할 필요가 있어.

Seriously, what's the problem with <u>you guys</u>?
진짜, 도대체 너네 문제가 뭐야? (너 도대체 왜 이러는 거야?)

•**chill out** : 진정하다
　✔ 'chill out'은 단독으로도 사용 가능하며,
　　동의어로는 'calm down'과 'take a chill pill'이 있다!
•**You guys** : 너희들

Simon is just <u>so annoying</u> and I <u>ain't</u> gonna apologize first. **B**
사이몬 너무 짜증 나. 그리고 나는 먼저 사과하지 않을 거야.

•**so annoying**이 너무 단조롭다면?
　✔ 'Simon is such an ass!'로 짜증남을 업그레이드!

be동사 + **not** 혹은 **have** / **has** + **not**의 자리를 **ain't**로 대체 가능

Shopping spree : 작정하고 왕창 사들임

I go on a shopping spree when I'm stressed.
나는 스트레스를 받으면 쇼핑을 즐겨 해.

 Dialogue

A

Ahhh, I've been <u>under a lot of stress</u> lately.
아… 요즘 스트레스를 너무 많이 받아.

•be under a lot of stress : 스트레스를 많이 받다

B

Well, you know what you should do?
그럴 땐 어떻게 해야 하는지 알아?

You should go on a <u>shopping spree</u> and <u>get rid of</u> all your stress!
쇼핑 가서 스트레스를 모두 해소해야 해! (풀어버려야 해!)

•get rid of : 날려버리다, 떨쳐내다

A

I think you're right. Are you <u>free</u> after work?
네 말이 맞는 것 같아. 퇴근 후에 시간 있어?

Be my <u>shopping buddy</u>, please?
나랑 같이 쇼핑 가자, 제발! (내 쇼핑 친구가 되어줄래?)

•be free : '한가한, 시간이 있는' 의 의미로 '**be available**'로 바꿔 말할 수 있음
•shopping buddy : 쇼핑 메이트

---

shopping / spending spree = 쇼핑 / 돈을 물 쓰듯 씀, **drinking spree** = 술을 퍼 마심

Be much 비교급 than : -보다 더 -한

It seems the world is much smaller than we think.

세상은 우리가 생각하는 것보다 더 좁은 것 같아.

 Dialogue

A

Hey, wait. Do you know Susan, too? Like, how?

잠깐, 너도 수잔 알아? 아니, 어떻게?

- **Wait** : 이 맥락에서는 직역의 '기다리다'의 의미가 아닌, '어라?'로 사용
- **Like** : 이 맥락에서의 **like**는 좋아하다가 아닌 추임새로 사용됨 ('아니, 어떻게?!')

B

Oh, you mean Susan Kim?
We went to the same middle school. How do YOU know her?

오, 수잔 킴 말하는거야? 우리 같은 중학교 나왔어.너는 어떻게 알아?

- **YOU** : 영어는 글로 무언가를 강조할 때 대문자를 사용함

A

Wow, really? Susan is my cousin's girlfriend!

와, 정말? 수잔은 내 사촌오빠 여자친구야!

B

It seems the world is much smaller than we think!

세상은 우리가 생각하는 것보다 더 좁은 것 같아.

- **seem** : -인 것 같다

The world is much smaller than you think = What / It's a small world! (세상 참 좁아!)

57

In the whole wide world : 이 세상 그 무엇보다도

Thanks for being the best parents in the whole wide world.
이 세상에서 최고의 부모가 되어주셔서 고맙습니다.

😃 Dialogue

A

What? It's already May? Jesus.
<u>Parents' Day</u> is <u>right around the corner</u>, then!

뭐? 벌써 5월이야? 그러면 어버이날이 정말 코앞이네,

•**Parents' Day** : 어버이날 (미국은 **Mother's Day, Father's Day** 따로 있음)
•**right around the corner** : 코앞이다

B

What! Ugh, I didn't <u>prepare</u> anything yet.
What are you gonna <u>get</u> them?

뭐? 으, 나 아직 아무것도 준비 못했는데. 너는 뭐 드릴 거야?

•**prepare** : 준비하다
•**get** : 사다

A

Well, carnations of course,
and I'm gonna write a short letter and say,
"Thanks for being the best parents <u>in the whole wide world!</u>"

카네이션은 당연히 준비할 거고, 그리고 "세상에서 최고의 부모님이 되어주셔서
고맙습니다!"라는 메시지를 쓴 짧은 편지를 쓸 거야.

I love you (guys) more than anything in the whole wide world.
"세상 그 무엇보다도"

입빵2

Wonder if : 확실치 않을 때, 궁금할 때, 부탁할 때

I wonder if I'm setting my standards too high.
내가 기준을 너무 높게 잡는 건가 하는 생각이 들어.

 Dialogue

A

> Hey, did you hear the <u>news</u>?
> Sera Kim is <u>getting married</u> next month!
> 너 그 얘기 들었어? 세라 킴 다음 달에 결혼한대!

•**news** : 소식
•**get married** : 결혼하다

B

> Really? Gosh, I'm so <u>jealous</u>. I don't know why I'm still <u>single</u>.
> 정말? 너무 부럽다. 난 왜 아직도 싱글 인지 모르겠어.
>
> I <u>wonder if</u> I'm setting my standards too high.
> 내가 너무 눈이 높은 것 같아.

•**jealous** : '질투'의 의미보단 '부러운'의 의미
•**single** : '애인이 없는'은 **single**! '솔로'는 콩글리쉬임!

A

> Yeah, you're just <u>way too</u> <u>picky</u>.
> 맞아, 넌 너무 까다로워.

•**way too** : 'very' 'so' 'really' 가 '너무' 느낌이라면, **way too**는 '오지게'쯤
•**picky** : 까다로운, 깐깐한

I wonder if는 상황에 따라
I don't know if, I'm curious to know if, if it's not too much trouble의 의미를 지님

It would be nice if : 소망하다, 희망사항

It would be nice if I could have some time for myself.
나 자신을 위한 시간을 가질 수 있다면 정말 좋을 것 같아.

😊 Dialogue

A

Hey, I haven't seen you <u>for a while</u>.
<u>How are things going with you</u>?

친구야, 못 본 지 정말 오래됐다. 어떻게 지내?

•**for a while** : 한동안
•**How are things going with you?** : 'How are you?' 같은 식상한 안부 묻기는 그만!

Oh, I've just been <u>caught up in work</u>, you know?
I'm <u>super</u> <u>worn out</u>.

오, 알다시피 일에 치여서 살고 있었어. 정말 너무 지쳤어.

B

•**be caught up in sth** : -에 열중하여 정신이 없다
•**super** : 'very'의 강조 표현으로 회화에서 많이 사용한다
•**worn out** : 매우 지친

A

Ugh, so am I. <u>It would be really nice if</u>
I could have some <u>time for myself</u>.

으, 나도 마찬가지야. 나 자신을 위한 시간을 가질 수 있다면 정말 좋을 것 같아.

•**time for myself** : 나 혼자만의 시간 = **me time**

It would be nice if = I wish (-하면 좋겠다)

Look up : 찾아보다, 검색하다

I had to look up the word in the dictionary.
나는 사전에서 그 단어를 찾아봐야 했어.

😜 Dialogue

A

Hey, how many kids does Angelina Jolie have?
야, 안젤리나 졸리 아이가 몇 명이지?

B

Well, that's so <u>random</u>. But I think she has <u>like</u> ⋯ five?
흠, 갑자기? 아마 5명 아닌가?

*random : 뜬금없는, 갑작스러운   *like : 대략, -쯤, 아마

A

Five? Are you sure? I thought she had six <u>or something</u>.
5명? 확실해? 나는 6명인가 있는 줄 알았는데.

*six or something : (여섯 명)인가, 그 쯤

B

I'm <u>pretty sure</u> it's five.
내가 알기론 5명이야.

*pretty sure : 어떤 것에 대해 '거의' 확신할 때

A

Do you wanna bet? Let's <u>look it up</u> online!
그럼 내기할래? 인터넷에 한번 찾아보자!

---

look it up online = search (on) the web = google something (인터넷에 검색해보다)

Cheap shot : 치사한 짓, 비열한 행동

That was a cheap shot!
그건 정말 치사한 짓이었어!

Dialogue

A

Dude, do you know what happened <u>at the dinner</u> last night?

야, 너 어제 저녁 식사 자리에서 무슨 일 있었는지 아니?

You won't believe it.

믿기지 않을 거야.

•**at the dinner** : 여기서는 '음식'에 대해 말하는 것이 아닌 '그 식사 자리'를 뜻하므로
'**the**'를 붙여준다

B

Oh, tell me about it. I'm <u>all ears</u>.

오, 다 말해줘! 듣고 있어!

•**be all ears** : 경철 할 준비가 되어있다, 경청하다

A

You know Cindy's <u>a scaredy-cat</u>, right?
So, last night, Brian <u>hid</u> <u>behind</u> the door
and <u>popped out</u> to <u>freak her out</u>.

신디 겁 많은 거 알지? 근데 어젯밤에,
브라이언이 문 뒤에 숨어있다가 뛰쳐나와 그녀를 놀래 켰어.

•**a scaredy-cat** : 겁쟁이
•**hide-hid-hidden** : 몰래 숨다
•**behind** : -의 뒤에
•**pop out** : 갑자기 튀어나오다
•**freak someone out** : -을 놀래 키다

입빵2

That's not funny. That's <u>not</u> funny <u>at all</u>.
하나도 안 웃기다. 정말 재미 없어.

I think that was a total <u>cheap shot</u>!
그건 정말 비열한 짓이었다고 생각해.

B

*not -at all : 전혀 –아니다

a cheap shot = **a low blow** (추잡한, 야비한, 비열한 짓)

Inside and out : 외면 내면 모두

She's beautiful inside and out.
그 여자는 예쁜 데다가 인성도 훌륭해.

 Dialogue

A

Hey Noah, have you seen Daniel's girlfriend?
She's <u>quite a doll</u>.

노아, 너 다니엘 여자친구 본 적 있어? 정말 인형 같이 생겼더라.

•**quite a doll** : (인형처럼) 예쁘게 생기다

B

Yeah, I've seen her. She's beautiful <u>inside and out</u>.
Man, Daniel is <u>one lucky man</u>!

응, 본 적 있어. 너무 예쁜 데다가 인성도 정말 훌륭하더라.
다니엘은 정말 운이 좋은 사람이야!

•**be one lucky man** : (뉘앙스) 전생에 나라를 구했나 보다

A

He <u>definitely</u> is! I hope they get married, you know?
She's <u>a keeper</u>!

그래 맞아. 둘이 결혼하면 좋겠다. 그녀는 놓치기 아까운 사람이야!

•**definitely** : 분명히, 확실히 상대방의 말에 "완전" 공감할 때 사용
•**a keeper** : 놓치지 아까운 (좋은) 사람

She's beautiful inside and out = She's a real gem! = She's a keeper!
(어떤 면에서든) 놓치기 아까운 사람

Sharing is caring : 나눔의 미학

Sharing is caring.
나눔은 배려다.

 Dialogue

A

Oh my gosh, I'm starving.
Ashley, can I <u>have a bite of</u> your burger? Please? <u>It looks so good!</u>
아이고, 배고파 죽겠다. 애슐리, 네 햄버거 한 입만 주면 안돼?
제발? 너무 맛있어 보여!

•**have a bite of -** : -을 한 입 먹다   •**It looks so good** : 정말 맛있어 보이다

B

NO! <u>Get your own food!</u>
안돼, 네가 알아서 찾아 먹어!

•**get your own food** : (남의 음식에 눈독들이지 말고) 너 먹을 건 네가 시켜라

A

Jeez, Ashley! <u>Sharing is caring!</u> Can I <u>at least</u> have some <u>fries</u>?
애슐리 좀 나누고 살자! 감자튀김이라도 좀 먹을 수 있을까?

•**at least** : '최소한'이라고 직역하기 보단 자연스럽게 '아니면-'으로 해석
•**fries** : 미국에서는 **French fries**를 줄여 **fries**가 흔히 사용됨

B

I don't care and NO. <u>Don't even think about</u> touching my food!
어쩌라고! 싫은데? 내 음식에 손댈 생각도 하지마!

•**Don't even think about** : -할 '생각도' 하지 마라 (문장을 강조)

Sharing is caring = **being thoughtful and kind** (배려심 있는 / 사려 깊은)

Sleep over : (~에서) 하루 자다

Dad, can I sleep over at my friend's house tonight? Please?
아빠, 저 오늘 친구네에서 자고 와도 돼요?

 Dialogue

A
Hey Sarah, are you <u>free</u> on Friday?
사라야, 이번 주 금요일에 뭐해?

•**be free** : 시간이 있다, 한가하다

B
Friday? Uh, I think I'm gonna <u>spend the night</u> at Stephanie's. Why?
금요일? 어.. 나 스테파니 네에서 하룻밤 잘 것 같은데? 왜?

•**spend the night** : 하룻밤 자다

A
Oh, really?
Well, my parents are gonna <u>be out of town</u> for the weekend.
아 그래? 아니- 이번 주말에 부모님 집 비우시거든.

So, I'll have the house <u>to myself</u>.
그래서 나 혼자 있을 건데,

Why don't you guys <u>come over</u> to my <u>place</u> then?
너랑 스테파니랑 그냥 우리 집으로 오지 그래?

•**be out of town** : (일정이 있어) 다른 도시로 가다, 집을 비우다
•**to myself** : 혼자
•**come over** : -에 오다
•**place** = house

B

Oh, alright then. I'll <u>let Stephanie know</u>
어 그래그래, 그러자. 내가 스테파니한테 말해놓을게.

and we'll bring something to <u>snack on</u>!
그리고 갈 때 주전부리 좀 사 갈게!

•**let somebody know** : -에게 알리다, 말하다
•**snack on** : 주전부리하다

sleep over at someone's / have a sleepover at someone's
아이들이나 청소년들이 어떤 친구 집에 모여서 잘 때 주로 쓰이며, 연령 관계없이 무난하게는
spend the night at someone's 라는 표현이 있다

Leave the house : 집에서 나가다

I don't like leaving the house in winter.
나는 겨울에 집 밖에 나가는 걸 좋아하지 않아.

 Dialogue

A

Dude, winter is my <u>least favorite</u> season in Korea.
야, 나는 한국 사계절 중에 겨울이 제일 싫어.

•**least favorite** : 가장 별로인, 싫은

B

<u>I'm with you on that.</u>
나도 완전 동의해.

I don't like <u>leaving the house</u> <u>much</u> in winter.
나도 겨울엔 가급적이면 집에서 안 나가려고 해. 너무 추워.

•**I'm with you on that** : 상대의 말에 동의할 때 꼭 'agree'라는 단어가 들어가야 할까요?
•**much** 뉘앙스 : 가급적이면

 A

But you just don't go out, <u>though</u> … <u>regardless of</u> the season.
So, you're just a <u>homebody</u>.
너는 계절 상관없이 잘 안 나가잖아…
너는 그냥 집순이 / 집돌이잖아.

•문장 끝에 오는 **though** : 근데, 그런데
　　　　　　　　　　(대화체에서는 'but … though'가 한 문장에 같이 나와도 **OK**)
•**regardless of** : -에 상관(관계)없이
•**homebody** : 집순이, 집돌이

오지게 추운 겨울 날씨 표현엔 '**It's freezing cold outside!**'도 좋지만,
참신한 '**It's Arctic outside!**' 도 잊지 말자!

For good : 영원히

We're done for good.
우리는 정말 끝났어.

😜 Dialogue

A

Hey, did you and Cindy have a fight again?
Did you guys <u>break up</u> or what?

야, 너 신디랑 또 싸웠어? 혹시 헤어지고 그런 건 아니지?

•**break up** : (연인끼리) 헤어지다

B

Oh, we <u>DID</u> break up. And I'm not gonna <u>get back together</u> with her.
We're done <u>for good</u>.

오, 우리 헤어졌어. 난 다시 그녀와 만날 생각 없어. 우리는 정말로 끝났어.

•**'DID'**를 대문자로 써줌으로써 '헤어진 사실'을 강조함 •**get back together** : 다시 사귀다

A

<u>Sheesh</u>, you need to <u>pipe down</u> a little.
What was the fight about?

어우, 목소리 낮추고 진정해. 왜 싸운 건데?

•**Sheesh** : 어우-야   •**pipe down** : 흥분을 가라앉히고 진정해, 목소리 낮춰

B

I'm <u>not in the mood</u> to talk right now.
지금 이야기할 기분이 아니야.

•**not in the mood** : 그럴 기분이 아니다

---

for good = forever, for good and all (영원히, 완전히)

69

I don't know where 응용

I don't know where I am.
나 여기가 어딘지 잘 모르겠어.

 Dialogue

A

Hey, it's me. Umm, I'm <u>on my way</u>, but I'm <u>running a little late</u>.

난데. 음… 나 지금 가고 있는 중이긴 한데, 조금 늦고 있어.

- **be on my way** : -로 가는 중이다
- **be running late** : (예정보다) 늦다, 지각하다

B

Oh, alright. There's <u>no rush</u>.
And I'm kind of <u>stuck in traffic</u>, too.

오 괜찮아, 급할 것 없어. 나도 차가 좀 막혀.

- **no rush** : 서두를 필요 없다
- **be stuck in traffic** : 차가 너무 막히다

A

Hey, I'm sorry. I think I <u>took the wrong exit</u>.

미안해, 나 잘못된 길로 들어선 것 같아.

And <u>I honestly don't know where</u> I am. I think I'm lost.

도대체 내가 어딘지 모르겠어. 나 길을 잃은 것 같아.

- **take the wrong exit** : 엉뚱한 출구로 빠지다
- **honestly 뉘앙스** : (강조) '진짜' '정말로'

I don't know where (the heck) I am!
'**the heck**' 를 넣어서 '도대체' 를 강조해 줄 수 있음

Sleep through : -에 개의치 않고 쭉 자다

I have a habit of sleeping through my alarm.
나는 알람 소리 못 듣고 자버리는 버릇이 있어.

😊 Dialogue

Gawd, I <u>slept through</u> my alarms again!
에구머니! 또 알람을 못 듣고 그냥 홀랑 자버렸네!

•**Gawd** : **god**, **gosh**의 또다른 표기법

Well, aren't you <u>a lucky duck</u>!
야, 운도 좋다!

Prof. Kim didn't <u>take attendance</u> today.
어쩜 딱 출석 안 하는 날을 골라서 수업을 안 오냐.

•**a lucky duck** : 운이 좋은 사람   •**take attendance** : 출석을 부르다

Oh, <u>thank God</u>! Do we have anything <u>due</u> next class?
아! 진짜! 감사합니다 하나님! 우리 뭐 다음 시간까지 해야 할 거 있어?!

•**Thank God!** : 정말로 하나님께 감사한 것이 아니니, '아싸!!!' 정도로 알아두자!
•**due** : -까지 마무리 지어야 하는

Nope, we just <u>took notes</u> in class.
아니! 우리 오늘 그냥 필기만 했어.

•**take notes** : 필기하다

snooze : 알람 소리를 못 듣거나 꺼버리는 것이 아닌, 몇 분 뒤에 다시 울리도록 알람을 미루다

Come down with something : 잔병에 걸리다

I think I'm coming down with something.
나 몸 컨디션이 좋지 않아.

😋 Dialogue

A

Melissa, gosh! <u>Look at yourself</u>.
멜리사, 어머 너 몰골 좀 봐.

I think you should go home. You're super <u>pale</u>.
너 집에 가야 할 것 같아. 너 안색이 엄청 창백해.

•**Look at yourself** : '네 자신을 좀 봐' 라고 직역하지 않기
•**pale** : 창백한

B

Really? Well, I'm <u>not feeling too well</u>.
그래? 실은 몸이 좀 안 좋아.

I think I'm <u>coming down with something</u>.
뭔진 잘 모르겠지만 안 좋은 것 같아.

•**not feeling well** : 몸 상태가 좋지 않은

A

Yeah, I think you should <u>take it easy</u> today.
그래, 너 몸 좀 사리는 게(오늘은 좀 쉬엄쉬엄하는 게) 좋을 것 같아.

I'll tell Brian about it. So, just go home and <u>rest up</u>.
내가 브라이언한테 얘기해줄게. 그러니 집에 가서 푹 쉬어.

•**take it easy** : 쉬엄쉬엄 하다   •**rest up** : 푹 쉬며 회복하다

I don't feel good = I feel sick = I'm not feeling too well (몸이 안 좋다)

Beat up : 낡은, 닳은

My phone is so beat up.
내 핸드폰 몰골이 말이 아니야.

 Dialogue

A
When is the new iPhone gonna <u>come out</u>? Do you know?
아이폰 신형 언제 나와? 넌 알고 있어?

*come out : 출시되다

B
Uh, probably··· <u>sometime in</u> September?
음··· 아마도 9월쯤 아닐까?

Why? Are you thinking about getting one?
왜? 하나 살까 고민중이야?

*sometime in : 대략적인 시기 '아마 -쯤'

A
Yeah, my phone's just way too <u>beat up</u>.
응, 내 폰 너무 낡았어.

I've had <u>this thing</u> for five years, man!
5년째 사용 중이야.

*this thing : 'my phone'을 의미함

B
Oh gee, it's about time, then!
오, 이제 바꿀 때가 되었네!

beat someone up (-를 두들겨 패다) **get beaten up by someone** (-에게 얻어 맞다)

73

See through : 꿰뚫어 보다

You saw right through me.
너는 날 완전 꿰뚫어 봤어.

 Dialogue

A

I know what you're thinking.
나는 네가 무슨 생각하고 있는지 알아.

You wanna get back together with your girlfriend, don't you?
너 여자친구랑 다시 만나고 싶지, 맞지?

B

What the ⋯ you're creepy, man. You saw right through me.
뭐야⋯ 너 소름 돋아. 너는 날 꿰뚫어 봤어.

That gave me goose bumps.
정말 소름이다.

·**What the** ⋯ : (당혹함의) 뭐야!
·**creepy** : 소름 돋는, 오싹한
·**goose bumps** : 닭살

 A

Well, when I see people's eyes, I just know.
그냥 난 사람들 눈을 보면 다 알겠어.

·**I just know** : '내 눈은 못 속이지, 나는 다 알지, 내가 모르는 게 어딨냐?'의 뉘앙스

---

see right through someone = read someone like a book (-의 마음 / 생각을 꿰뚫어 보다)

Feel left out : 소외감이 들다

I feel left out.
나 소외된 기분이야.

 Dialogue

A

Hey, it's me. So, how do you like your new school?
(친구야,) 나야. 그래서 새로운 학교는 어때?(좋아?)

Did you make new friends?
새로운 친구들은 만들었어?

B

Umm··· I'm still <u>adjusting</u> and trying to <u>blend in</u>, you know?
음 나는 아직 적응 중이고 (친구들이랑) 어울리려고 노력 중이야.

But it's hard. I wish you were here.
알다시피 쉽지 않아. 네가 여기 있었으면 좋았을 텐데.

•**adjust** : 적응하다   •**blend in** : (주어진 환경에) 이질감 없이 스며들다

A

Well, <u>it's only been</u> 2 weeks, you know?
너도 알다시피 아직 2주밖에 안 되었잖아.

<u>I'm sure</u> everyone's gonna love you <u>once</u> they <u>get to know</u> you!
모두들 널 알고 나면 다 좋아해줄 거야!

Don't worry!
걱정마!

•**It's only been** -시간 : 겨우 -밖에 안 지났어   •**I'm sure** - : -는 확실해
•**once-** : -하게 되면   •**get to know** : 알게 되다
•**Don't worry!**를 강조하고 싶다면 '**Don't you worry!**'로 바꿔보자!

feel left out = feel excluded / alienated (소외당하는 기분이 들다)

Sprain : 삐다, 접지르다

I think I sprained my ankle when I fell.
넘어지면서 발목을 삔 것 같아.

😊 Dialogue

A

Hey Sera, why do you <u>have a cast</u> on your leg?
세라야, 왜 다리에 깁스 하고 있어?

<u>Did you hurt yourself?</u>
어디 다쳤어?

•**have a cast** : 깁스를 하다
•**Did you hurt yourself?** : 다쳤어? - '너 자신을 헤쳤니?'라고 직역하지 말 것!

B

Oh, yeah. <u>Long story short</u>,
아… 말하자면 긴데 간단하게 말하자면,

I fell and <u>sprained</u> my ankle the other day.
넘어지면서 발목을 삐었어.

•**Long story short** : 긴 이야기지만 요점만 말하자면

A

Oh gosh, that must have hurt <u>so bad</u>!
어머, 진짜 아팠겠다.

Well, take it easy and if you <u>ever</u> need anything, <u>just</u> let me know.
쉬엄쉬엄하고 혹시라도 필요한 게 있으면 나한테 말해.

•**so bad** : 엄청
•'**ever**'과 '**just**'가 문장을 더 강조해 줌

sprain one's ankle= roll, twist, wrench one's ankle (발목을 접지르다, 삐다)

Pull it off : 소화해내다

Do you think you can pull it off?
너 그거 소화 가능하다고 생각해? 너 그거 해낼 수 있겠어?

😜 Dialogue

A

Hey Ashley, I wanna <u>dye</u> my hair red.
애슐리야, 나 머리 빨갛게 염색하고 싶어.

Like, <u>bright vivid</u> red. Yes? No?
밝고, 진한 빨간색. 할까? 말까?

•**dye** : 염색하다
•**bright vivid** : 밝고 쨍한

B

Dude, <u>no offence</u>. But do you really think you can <u>pull it off</u>?
친구야, 악감정은 없는데, 너 그거 소화 가능하다고 생각해?

<u>Think it through.</u>
잘 생각해봐.

•**No offence** : (악감정은 없으니) 기분 나쁘게 듣지 마 혹은 '**Don't take it personally**'를
  사용해 보자!
•**Think it through** : 곰곰히 잘 생각해 봐 혹은 '**Think twice**'를 사용해 보자!

A

Ouch, <u>that hurts</u>.
아야, 아프다. (마음에 상처가 났어)

•**That hurts** : 여기서는 '다치다'의 의미가 아닌, '마음의 상처'를 표현

pull off는 어렵거나 힘든 일을 성공적으로 해낼 때 쓰이기도 함

Make someone's day : -의 하루를 행복하게 만들다

You just made my day!
덕분에 기분이 좋아졌어!

 Dialogue

A

Woah, Cindy? <u>Look at you!</u> You look great today.
와, 신디, 너 좀 봐! 너 오늘 정말 예쁘다!

I love your <u>outfit</u>!
네 옷 정말 마음에 들어!

•**Look at you!** : 칭찬하기 전의 추임새(어머- 뭐야-) 쯤으로 여기고, 직역하지 말 것!
•**outfit** : 의상, 착장

<u>Aww, shucks.</u> You just <u>made my day</u>! <u>Thanks, girl!</u>
오, 덕분에 기분이 좋아졌어! 고마워, 친구야!

B

•**Aww, shucks** : 받은 칭찬에 대해 약간 부끄러워하며 겸손히 감사 표시하는 법
•**Thanks, girl** : 보통 여자끼리 사용 가능한 말 /
　　　　　　　　　남자끼리는 **Thanks, boy**가 아닌 **Thanks, man**

Thank you = You just made my day! = I'm flattered (칭찬에 대한 감사 표현)

78　　　　　　　　　　　　　　　　　　　　　　　　　　　　　　　　　　입빵2

Keep a low profile : (관심을 피해) 조용히 지내다

I generally try to keep a low profile.
저는 보통 조용히 지내려고 해요.

 Dialogue

A

You know what?
I haven't seen Cindy <u>since</u> our college graduation.
너 그거 알아? 나 대학 졸업 이후로 신디 한 번도 못 봤어.

•**since** - : - 이후로

Well, she likes to <u>keep a low profile</u>, you know?
뭐, 알다시피 걔(그녀) 조용하게 지내는 걸 좋아하잖아.

B

A

<u>True that</u>. <u>But still</u>··· <u>I wonder if</u> she uses Instagram.
그래 그 말이 맞아(사실이야). 그래도 인스타그램 하는지 궁금하다.

•**True that** : 'That's true'의 관용적인 표현
•**But still** : '여전히, 아직도'가 아닌 '아니 그렇긴 한데' 혹은 '그래도'로 해석
•여기서 **I wonder if** ··· 뉘앙스 : - 여부를 궁금해하다

---

keep a low profile = try not to draw attention (관심 / 이목을 끌려고 하지 않다)
❶ 반대로 관심 받는 것을 좋아하거나 원하는 사람은
attention seeker 혹은 **be the center of attention** 이라고 함

Belated : 뒤늦은

Happy belated birthday!
늦었지만 생일 축하해!

 Dialogue

A

Hey, did you <u>wish Ashley a happy birthday</u> yesterday?

야, 너 어제 애슐리한테 생일 축하한다고 했어?

•wish someone a happy birthday : -에게 생일 축하한다고 말하다

Oh my gosh! No?! <u>I thought</u> it was today!

세상에! 아니 난 오늘인줄 알았어!

B

•I thought - : -인 줄 알았어

 A

Well, just wish her a <u>belated</u> happy birthday.

뭐, 늦었지만 생일 축하한다고 해!

Ashley <u>wouldn't care</u>?

애슐리는 신경 쓰지 않을걸?

•wouldn't care = -에 대해 크게 개의치 않다

Happy belated birthday! = Belated happy birthday! (늦었지만 생일 축하해!)

Fill someone in : -에게 있었던 일에 대해 알려주다

Aw, man! I gotta go. Make sure to fill me in later.
아, 나 이제 가봐야 해. 지금 다 못 들은 얘기는 이따 꼭 해줘!

Dialogue

A

Oh my gosh! You'll <u>never guess</u> what happened yesterday!
어제 무슨 일이 있었는지 상상도 못 할 거야!

So, I was just <u>walking down the street</u> and
someone asked me for my phone number!
그니까, 어제 길을 그냥 걷고 있었는데 어떤 사람이 내 폰 번호를 물어봤어!

•**never guess** : '절대 추측할 수 없다'라고 직역하지 말고, '상상도 못 할 걸?'의 느낌으로
해석 해주기
•**walk down the street** : 거리를 걷다

B

What? So, did you give him the number?
뭐? 그래서 번호 줬어?

Aw, man! I have a meeting at 3, so I gotta go.
아, 나 3시에 미팅 있어서 가봐야 해.

But <u>make sure to</u> <u>fill me in</u> later, alright?
하지만 나중에 꼭 이야기해줘, 알겠지?

•**Make sure to** : 꼭

fill in for someone (-의 대타로 -을 하다) = **cover for someone** (-대신 -을 해주다)

Go on a diet : 다이어트 하다

I'm gonna go on a diet.
나는 다이어트 할 거야.

😊 Dialogue

Hey, Brandon. Don't get me wrong,
but your cheeks look <u>a bit</u> <u>chubbier</u>.
브랜든, 오해하지 말고 들어, 너 볼이 조금 통통해진 것 같아.

•**a bit** : 쫌
•**chubby** : 통통한 / **chubbier** : 더 통통해진

Gosh, <u>how'd</u> you know I <u>piled on</u> some extra <u>pounds</u>? **B**
와, 나 살찐 거 어떻게 알았어?

•**How'd** = How did
•**pile on** : 급격히 불어나다
•**pound(s)** : 한국은 몸무게를 'kg'로 측정하지만, 미국은 'lb' 파운드임

Well, you've been binge-eating <u>all week</u>.
뭐, 네가 이번 주 내내 폭식했잖아.

You should think about <u>going on a diet</u>.
다이어트 시작하는 게 좋을 것 같아.

•**all week** : 일주일 내내

go on a diet = lose weight = shed a few / some pounds (살을 빼다)

82

입빵2

Cut down on something : -을 줄이다

I'm trying to cut down on coffee.
나 커피 줄이려고 노력 중이야.

Dialogue

A

Brenda, I <u>need a coffee fix</u>. Will you <u>tag along</u>?

브랜다, 나 커피 한잔 해야 할 것 같아. 나랑 같이 사러 갈래?

***need a coffee fix** : 커피가 필요하다
***tag along** : 같이 따라가다

B

Ah, coffee sounds so good right now,

아, 지금 커피 너무 마시고 싶다,

but I'm <u>tryna</u> <u>cut down on coffee</u>.

근데 나 커피 줄이려고 하고 있어.

***tryna** : 'want to를 wanna', 'going to를 gonna'로 해주는 것과 같이,
trying to를 tryna로 부드럽게 발음 가능!

---

cut down on = cut back on (-을 줄이다)

83

Suck at : 못하다

I suck at driving.
나는 운전을 정말 못해.

 Dialogue

A
Hey, when is our <u>midterm</u>?
야, 우리 중간고사 언제지?

Did you start studying already?
너 벌써 공부 시작했어?

*midterm : 중간고사

B
I think it's <u>a month away from now</u>.
내 생각엔 (지금으로부터) 한 달 남은 것 같아.

So … <u>we'd better</u> start studying!
그러니까 공부 시작하는 게 좋겠어!

*a month away from now : 지금으로부터 한 달 후
*We'd better = 'We had better' -하는 게 좋겠다

A
Ugh, I'm already <u>frustrated</u>.
으, 벌써 짜증 난다.

I <u>suck at</u> math, you know? Can we study together?
나 수학 못 하는 거 알지? 우리 같이 공부하면 안 돼?

*frustrated 뉘앙스 : 짜증이 나는

suck at = be + not good / terrible / bad at (-을 못하다)

Mean it : 진심으로 말하다

Say it like you mean it.
(너는 말에 진정성이 없어) 진심을 담아서 말해.

 Dialogue

A

Sigh … Brian, I think my relationship is <u>going south</u>.

휴… 브라이언, 요즘 나 (사귀고 있는 애랑) 관계가 나빠지고 있어.

·**go south** : 상황이 악화되다

B

Oh, <u>I'm sorry to hear that</u>. <u>Yikes</u>!

오 안됐다. 어째!

·**I'm sorry to hear that** : 그 소식 들어서 유감이다, 안 됐다
·**Yikes** : 에그, 저런

 A

Dude, <u>say it</u> like you <u>mean it</u>. It doesn't <u>sound like</u> you care.

진심으로 좀 말해. 너는 관심도 없는 것 같아 (신경도 안 쓰는 것 같아).

·**Say it** : 말 해
·**mean it** : '그것을 의미하다'로 해석하지 말고 회화에서는 '진심이 있다'는 의미로 많이 쓰임
·**sound like** : -처럼 들리다

동사 **mean** (의미하다, 진심으로 말하다) , 형용사 **mean** (나쁜, 짓궂은, 싸가지 없는)

Pretty tight : 꽤나 친한

He and I are pretty tight.
그와 나는 정말 친해.

 Dialogue

A

Dude, I think Brian is super <u>cool</u>.
친구야, 나는 브라이언이 진짜 멋진 것 같아.

I wanna <u>be friends with</u> him.
나 걔랑 친구하고 싶어.

•**cool** : 멋있는, 간지나는
•**be friends with** : –와 친구로 지내다

B

Oh, <u>you mean</u> Brian Kim?
오, 브라이언 킴 얘기하는 거야?

Dude, he and I are <u>pretty tight</u>.
나 걔(그)랑 꽤 친해.

•**You mean** : 상대의 말을 재차 확인하는 의미로 쓰임 (– 말하는 거야?)

A

<u>No way</u>! Can all three of us <u>hang out</u> sometime?
말도 안돼! 우리 언제 셋이 같이 놀면 안 돼?

•**No way!** : 진짜야?
•**hang out** : 같이 놀다, 시간을 보내다

---

tight = close (친한, 사이가 가까운)
🏵 **That's tight!**는 '멋진데!'의 뜻으로, '**That's cool**' 혹은 '**That's nice!**'의 힙한 버전

기분이 별로일 때

I got up on the wrong side of the bed.
아침부터 기분이 별로이다.

 Dialogue

A

Hey, <u>just between you and me</u>,
있잖아, 그냥 우리끼리 있으니까 하는 말인데,

I think Cindy <u>woke up on the wrong side of the bed</u>.
신디 오늘 기분 엄청 안 좋아 보여.

•**Just between you and me** : 그냥 우리끼리 하는 이야기
•**wake up on the wrong side of the bed** : 기분 나쁘게 하루를 시작하다

B

I <u>sensed</u> that too. She was being so <u>grumpy</u> to Melissa.
나도 느꼈어. 멜리사한테 너무 짜증 내더라.

I <u>felt bad</u>.
보는 내가 다 미안해질 정도였어.

•**sense** : 느끼다, 인지하다
•**grumpy** : 투덜대는, 짜증내는
•**feel bad** : 마음이 안 좋은

A

Yeah, I know. I think she always <u>takes it out on her</u>.
그러게, 그녀(신디)는 항상 그녀(멜리사)한테 화풀이하더라.

•**take it out on someone** : -에게 화풀이하다

grumpy(본인의 기분이 좋지않아 남에게 투덜거리는, 짜증내는) = 성격 문제
cranky (커피를 못 마셔서, 혹은 잠을 충분히 못 자서 같은 이유의 짜증) =상황 문제

Catch some Z's : 자다

He's catching some Z's now.
그는 자는 중이야.

 Dialogue

A
Hey, Jonathan isn't <u>answering my call</u>.
야, 조나단 전화 안 받는데?!

•**answer one's call** : -의 전화를 받다

B
Hmm! He's probably still <u>catching some Z's</u>.
음. 아마 해 뜬지도 모르고 아직 쿨쿨 자고 있나 보다!

A
Well, I'm gonna <u>crawl back into bed</u> too then.
그럼 뭐, 나도 다시 자러 가야겠다.

•**crawl back into bed** : 다시 자러 가다

B
Yeah, let's just <u>meet at</u> Jonathan's <u>later in the day</u>.
그래, 더 자라! 이따 느지막이 조나단 집에서 만나자.

•**meet at** + (장소 혹은 시간) : 몇시에 / -에서 만나다
•**later in the day** : 이따 오후에 / 느지막이

---

catch some Z's = go to bed, call it a night, hit the sack (자다 / 자러 가다)
맥락에 따라 'take a nap' 낮잠을 자다의 뜻으로도 사용 가능

Get that a lot : 자주 들어요

Oh, I get that a lot.
아 - 저 그런 말 자주 들어요.

 Dialogue

A

Sera, gosh! Your skin is <u>flawless</u>.
세라, 너 피부 정말 좋다.

What's your skin care <u>regimen</u>?
너 피부 관리 비법이 뭐야?

•**flawless** : 무결점인
•**regimen** : 방법

B

Oh, thanks. I <u>get that a lot</u>.
어, 고마워. 그런 소리 많이 들어.

Hmm⋯ I just think it's <u>in my genes</u>.
음⋯ 내 생각엔 그냥 유전인 것 같아.

•**in my genes** : 유전적인 (요소)
 ⒸⒻ '집안 내력이야'라고 말하고 싶다면? '**run in the family**' 사용!

A

Ah, <u>lucky you</u>!
아, 좋겠다!

•**lucky you** : 부럽다, 좋겠다, 운도 좋다

I get that a lot = Yeah, everyone / a lot of people say(s) that
(다들 그렇게 이야기한다, 그런 소리 많이들 한다)

Shame on you : 부끄러운 줄 알아

Shame on you!
부끄러운 줄 알아라!

 Dialogue

A

Dude, when are you gonna start <u>working out</u>?

야, 너 도대체 언제부터 운동 시작할 거야?

•**work out** : 운동하다

B

<u>Imma</u> start next week.

나 다음 주부터 시작할 건데?

•**I'm going to** = **Imma** (비격식)

A

My gosh, you've been saying that for a year.

와, 너 일년째 그 얘기 하고 있잖아.

<u>Tsk tsk tsk, you're all talk</u>. Shame on you!

쯧!쯧!쯧! 입만 살아가지고 (넌 늘 말뿐이야). 부끄러운 줄 알아!

•**Tsk tsk tsk** : 쯧 쯧 쯧
•**You're all talk** : 입만 살았다, 말 뿐이다

Keep your words : 자기가 한 말은 지켜라

My jam : 나의 18번 곡

This is my jam!
이게 내 18번 곡이야!

😜 Dialogue

A

Girl, Beyonce's Single Ladies is <u>my jam</u>!
비욘세의 싱글레이디스는 내 최애(18번) 곡이야.

Single Ladies? <u>Meh</u> …
싱글레이디스? 음 (별론데)

B

•**Meh** : 별로인

A

Oh, just <u>give it a few more listens</u>, it'll <u>grow on</u> you.
오 몇 번만 더 들어봐, 그러면 너도 점점 더 좋아하게 될 거야

•**give it a listen** : 한 번 들어보다
•**give it a few more listens** : 몇 번 더 들어보다
•**grow on (someone)** : 점점 더 -의 마음에 들게 되다

my jam = **my favorite song of all time** (최애곡) = **my go-to song** (자주 즐겨 듣는 곡)

91

Ride or die : 언제나 내 편

She's my ride or die.
그녀는 내가 어떤 상황에 처하든 늘 내 편이야.

 Dialogue

A

Happy birthday, Brenda!
브렌다, 생일 축하해!

Thanks for being my best friend,
my ride or die, my partner in crime! You rock!
내 좋은 친구가 되어줘서 고마워! 네가 최고야!

•**partner in crime** : 언제나 믿고 의지할 수 있는 사람
•**You rock!** : 너가 최고야!

B

Aww, thank you, Sera!
I'm blessed to have you as my best friend!
세라, 고마워. 네가 내 베스트프랜드라 너무 감사해!

You mean the world to me.
너는 내 전부야.

•**I'm blessed to have** : ~가 있어 너무 행복하다
•**You mean the world to me** : 너는 내 전부나 마찬가지야

best friend = partner in crime = ride or die (내 편)
= She's always on my side = She always stands by my side (그녀는 늘 내 편이다.)

Have / has been a minute : 오랜만일 때

It's been a minute.
오랜만이에요.

 Dialogue

A

Dude, Ryan? Is that you?
야, 라이언? 너 맞아?

Oh my gosh, you <u>haven't changed a bit</u>! <u>What's good</u>, man?
세상에, 너 하나도 안 변했다. 잘 지내?

• **haven't changed a bit** : 하나도 변하지 않았다, 똑같다
• **What's good = How are you?**

B

Sam Simpson? Wow, <u>been a minute</u>, man!
샘 심슨? 와, 정말 오랜만이다!

Funny we <u>bumped into each other</u> like this. <u>Are you still around</u>?
이렇게 마주치다니 신기하다. 너 아직도 이 동네에 살아?

• **bump into someone** : -를 마주치다
• **Are you still around?** : 아직 이 동네에 살아?

A

I know, right? Yeah, I'm still around, man.
그러게, 그치? 어, 나 아직 여기 살지.

I actually work at Target <u>right across the street</u>.
사실 이 길 건너편에 있는 타겟에서 일해.

• **right across the street** : 길 건너

It's been a minute = It's been a while = It's been a long time = It's been ages (오랜만이다)

Over the counter : 처방전 없이 살 수 있는 일반 의약품

I can't buy this over the counter anymore.
이 제품은 이제 처방전 없인 살 수 없어요.

😛 Dialogue

A

Man, look at my face. I'm <u>breaking out</u> <u>like crazy</u>.
와 내 얼굴 좀 봐. 여드름이 그냥 미친 듯이 나고 있어.

•**break out** : 여드름이 나다   •**like crazy** : 많이, 엄청나게

B

Aw, that must be so stressful.
어 정말 스트레스 받겠다.

<u>Try out</u> 크레오신티 cause it <u>worked for me</u>.
크레오신티 사용해보는 게 어때? 나는 그게 잘 맞았거든.

•**Try out** : 사용해보다   •**work for someone** : ~에게 잘 맞다, 효과를 보다

A

Oh, really? I'll give it a try. Where can I get it?
오 정말? 사용해볼게. 어디서 구매할 수 있어?

B

Uh, you can't buy it <u>over the counter</u>.
음, 그냥 약국에서는 살 수 없어.

So, you need <u>a prescription</u> from <u>a dermatologist</u>.
피부과 선생님의 처방전이 있어야 해.

•**a prescription** : 처방전   •**a dermatologist** : 피부과 전문의

over the counter = without a prescription (처방전 없이 살 수 있는 일반 의약품)

94

입빵2

취향에 대한 의사표현

(   ) is not my thing.
(   )은 내 취향이 아니야.

 Dialogue

A
Hey Simon, I'm gonna sign up for an acting class.
사이먼, 나 연기 수업 등록할 거야.

Do you wanna join?
같이 할래?

•join : 합류하다

B
Eww, acting class? That's not my thing.
으 연기 수업? 나 그런 거 별로 안 좋아해.

I'll pass.
난 안 할게(너 혼자 해).

•Eww : 직역하면 '웩' '우엑'이란 뜻이지만, 여기선 연기수업에 대한 거부감을 표현
•I'll pass : 나는 안 할래

It's a (특정그룹) thing = 특정 그룹만이 이해하고 공감할 수 있는 어떤 것
It's a (사람이름) thing = 그 사람만의 고유한 어떤 것 (행동, 성격 등)에 대해 얘기할 때 사용

Stuffed : 배가 매우 부른

I'm stuffed.
나 배가 너무 불러.

 Dialogue

A

Dude, let's go <u>have a feast</u> at McDonald's.
야, 우리 맥도날드가서 먹고 싶은 거 다 먹고 오자!

•**have a feast** : 양껏 먹다

B

Ugh, I'll pass.
아, 나는 패스할게(사양할게).

I ate too much at <u>grandma's</u> and I'm <u>stuffed</u>.
할머니 집에서 너무 많이 먹었더니 배가 너무 불러.

<u>Kind</u> of <u>feel bloated</u>, too.
속이 더부룩하기도 해.

•**grandma's** : 할머니댁에서 댁 'house'가 생략됨 (보통 생략하여 쓰임)
•**Kind of …** : 대화체에서는 주어를 생략하여 말하는 경우가 많음
•**feel bloated** : 속이 더부룩하다

A

Ah, alright then. Can you at least <u>keep me company</u>?
아, 그러면 알겠어. 대신 같이 가주기라도 할 수 있어?

•**keep someone company** : -와 함께 (같이) 있어주다

stuffed = so full = My stomach is loaded / about to explode(잔뜩 먹어서 배가 매우 부르다)

Come in handy : 쓸모가 있다, 요긴하게 쓰이다

Wait, don't throw that away!
It might come in handy.
잠깐, 버리지 마! 이거 어쩌면 쓸모 있을지도 몰라.

Dialogue

A

Mom, we never use <u>this thing</u>.
엄마, 우리 이거 쓰지도 않잖아.

Let's <u>get rid of</u> it.
갖다 버리자.

•**this thing** : 이것
•**get rid of** : 처분하다

B

<u>Stop it right there!</u> It might <u>come in handy later</u>.
동작 그만! 나중에 쓸모가 있을지도 모르잖아.

So, we're <u>keeping it</u>.
그러니까 그냥 그 자리에 놔둬(가지고 있자).

•**Stop it right there!**을 시크하고 간단하게 '**Nuh-uh!**'로 표현 가능
•**later** : 나중에
•**keep something** : ~을 계속 소장하다, 보관하다

a hoarder (뭐든지 버리지 않고 계속 모아두는 사람)

Let's 083강
입빵2 회화 UP

Hang up on someone : -의 전화를 끊어버리다

I can't tell you how dumbfounded I was when Sera just hung up on me.
세라가 전화를 일방적으로 끊어버렸을 때 내가 얼마나 어이가 없었는지 몰라.

😜 Dialogue

A
Hey, don't you think Linda is so rude?
친구야, 린다말이야, 애가 좀 너무 무례하다고 생각하지 않아?

•**rude** : 무례한

B
Huh? Linda? Umm. She can be a jerk sometimes.
어 린다? 음.. 애가 좀 얄밉고 재수 없을 때가 가끔 있긴 하지.

•**can be** : -일 수 있다, -이 될 수 있다   •**a jerk** : (행동, 말투가) 싸가지 없는 사람

A
Exactly! She needs to work on her attitude.
내 말이! 걔는 태도를 좀 고칠 필요가 있어.

I can't tell you how dumbfounded I was when she just hung up on me last night.
어제 자기 할말만 하고 전화를 탁 끊어버리는데, 내가 얼마나 어이 없었는지 알아?

•**work on something** : -을 개선하기 위해 노력하다
•**dumbfounded** : (놀라서) 말을 못 잇는, 말이 안 나오는

B
Really? That's ridiculous.
헐 진짜? 걔 완전 어이 없네, 걔 뭐야?

---

hang up on someone은 일방적으로 전화를 끊어버리는 무례한 행동!
반면에 **Alright- I'm gonna hang up now**는 '그럼 이제 전화 끊을게-' 느낌

98   입빵2

비슷한 생각을 할 때

Are you thinking what I'm thinking?
네 생각, 내 생각. 설마! 같아?!

😋 Dialogue

Sam, <u>don't you think</u> Emily kind of <u>looks like</u> that girl from…
샘아, 에밀리 약간 그 여자 닮지 않았어?

Gosh, <u>can't think of</u> the title of that drama.
그… 아, 그 드라마 이름이 기억이 안 나.

• **Don't you think** : (의견을 물을 때) -한 것 같지 않아? -라고 생각하지 않아?
• **look like** : 누구와 닮다
• **can't think of** : 갑자기 무엇이 생각이 안 나거나 기억이 안 날 때

B

Wait. <u>Are you thinking what I'm thinking?</u>
잠시만, 혹시 내가 생각하는 그 사람 생각하니?

<u>You mean</u>, 전미도 from 'Hospital Playlist'?!
슬기로운 의사생활에 전미도?

• 여기서 **You mean**의 유한 해석 : 혹시?! 설마?!

Oh my gosh, YES! HER!
Gosh, I <u>knew</u> I wasn't alone with that <u>thought</u>!
세상에, 맞아! 그 여자(전미도)! 역시 너도 그렇게 생각할 줄 알았어!

• **knew**뉘앙스 : '그럴 줄 알았다' 라는 확신에 찬 '알다'
• **thought** : 생각

🔁 **Jinx!** (찌찌뽕!) = 두 사람 혹은 여럿이 동시에 같은 말을 했을 때 쓰는 표현

99

Make up 다양한 쓰임

I have a make-up class on Friday.

저는 금요일에 보강 수업이 있어요.

 Dialogue

A

Sera, are you still doing your <u>make up</u>?

세라, 너 아직도 화장 중이니?

Can you hurry up?

속도 좀 내줘! (빨리 좀 해줄래?)

B

Yeah, I'm almost done. Just give me a few more minutes.

어, 거의 다 했어. 몇 분만 좀 더 줘.

A

<u>Chop chop</u>! And <u>FYI</u>, I can't be <u>out</u> too long tonight

빨리빨리 해! 참고로, 나 오늘 밖에서 오래 못 놀아.

cause I have to study for a <u>make-up</u> test.

왜냐면 보충 시험 공부 해야 돼.

- **Chop chop!** = Hurry up!
- **FYI (For Your Information)** : 참고로
- **out** 뉘앙스 : 밖에서 시간을 보내다

화장 (makeup) 결정을 내리다 (make up one's mind)
화해하다 (make up with someone) 보강 수업 (make-up class)

Hands down : 의문의 여지없는

( ) is hands down the funniest movie of all time.

( )는 역대급으로 웃긴 영화임에 틀림없다.

Dialogue

A

Dude, I watched this movie <u>called</u> <Knight and Day> and it was pretty hilarious.

야, <Knight and Day>라는 영화를 봤는데, 그거 꽤나 웃기더라 (재밌더라).

•… **called** : -이라 불리는

B

Oh, if you liked that movie, <u>check out</u> <We're the Millers>!

오, 그 영화 괜찮았으면, <We're the Millers> 영화도 봐봐!

<u>I swear</u>, it's <u>hands down</u> the funniest movie <u>of all time</u>.

맹세코, 이 영화는 역사상 가장 웃긴 영화야.

•**check out** : -을 보다
•**I swear** : 진짜로
•**of all time** : 역대

hands down을 비슷한 표현인
hand down(물려주다) / **hand sth down to sb**(-을 -에게 물려주다)와 헷갈리지 않기!

In a relationship : 사귀는 사람이 있는

I'm in a relationship.
저 만나는 사람 있어요.

 Dialogue

A

Hey, who are you <u>texting</u>?
너 누구랑 문자 하는 거야?

Are you <u>seeing someone</u>?
너 누구 만나니?

•**text** : 문자를 보내다
•**be seeing someone** : 만나는 사람이 있다

B

Yeah, I haven't told anyone yet,
but I'm actually <u>in a relationship</u>.
나 아직 아무한테 말 안 하긴 했는데, 사실 나 만나는 사람 있어.

A

Oh my gosh, are you <u>for real</u>?
When are you gonna <u>make it official</u>?
오! 정말이야? 너 언제 공식적으로 공개할거야?

•**for real** : 진짜야? (단독으로도 사용 가능)
•**make it official** : (공식적으로) 공개하다

have a boyfriend / girlfriend
= **be in a relationship** = **be seeing someone** = **be taken** (사귀는 사람 있어요)

Pull off : (정차하기 위해) 도로를 벗어나다

Can we pull off at the next exit to get some snacks?
우리 다음 출구에서 잠깐 세우고 간식 좀 사는 거 어때?

 Dialogue

A

Sera, I know we're <u>in a rush</u>,
세라야, 뭐 그래. 빨리 도착해야 하는 건 알겠는데,

but we've been <u>on the road</u> for three hours
우리 지금 안 쉬고 세 시간째 쭉 운전만 하고 있어.

and I'm <u>starving to death</u>!
나는 배가 고파 죽을 것 같은데!

•**in a rush** : 시간이 여유롭지 않다
•**be on the road** : 도로를 주행 중이다
•**starve to death** : 굶어 죽다 혹은 그럴 정도로 배가 무지 고프다

B

Alright alright, let's <u>pull off</u> at the next exit
and <u>grab a quick bite</u>.
아이고, 알았다, 다음 출구에서 빠져서 간단히 뭐 좀 먹자.

•**grab a quick bite** : 간단히 요기하다

A

Sweet. And it looks like there's <u>IN-N-OUT</u> <u>nearby</u> the exit.
좋지! 보니까, 출구 근처에 인앤아웃도 있는 거 같은데!

My gosh, I'm already <u>drooling</u>!
어우- 벌써 군침 돈다야!

•**IN-N-OUT** : 미 LA 햄버거 가게
•**nearby** : 근처에
•**drooling** : 군침이 도는

We're almost there- <u>So hang tight</u>!
출구까지 거의 다 왔으니까- 조금만 참아!

B

•**hang tight** : (거의 다 -해가니)조금만 참아!

make a pit stop (장거리 운전 중 식사 / 화장실 / 주유소 들리러 잠깐 멈추다)

Check someone out : (마음에 있는 이성을) 쳐다보다

That guy over there is totally checking you out.
저쪽에 있는 남자가 지금 너를 쳐다보고 있어.

 Dialogue

A

Oh my gosh, Sera. Look at you!
어머, 세라야, 너 좀 봐!

All <u>decked out</u>!
잘 차려 입었는데 (잘 꾸몄는데)!

*decked out : 잘 차려 입은, 의상에 힘 좀 준

Lol, yeah it <u>took me forever</u> to <u>get ready</u>.
하하하, 응 준비하는데 정말 한참 걸렸어.

B

*Lol : 우리나라 'ㅋㅋ' 'ㅎㅎ' 같은 웃음 문자
*take forever : 오랜 시간이 걸리다
*get ready : 나갈 준비를 하다

A

Hey, that guy over there is <u>totally</u> <u>checking you out</u>.
야, 저쪽의 남자가 지금 너를 쳐다보고 있어.

*totally는 '완전'이라는 뜻 외에도 어떤 사실에 대한 확신이 있을 때 사용

hit on someone (~에게 작업을 걸다), flirt (추파를 던지다, 끼부리다, 집적거리다)

Kick in : 효과가 (반응이) 나타나다

I think the medicine's kicking in.
약효가 나타나는 것 같아.

 Dialogue

A

Hey Sera, I heard you went home early today cause you weren't <u>feeling well</u>.
세라야, 너 오늘 몸이 안 좋아서 집에 일찍 갔다고 들었어.

Did you <u>go to the doctor</u>?
병원은 다녀왔어?

•부정+feel well : 컨디션이 좋지 않다 •**go to the doctor** : 병원에 가다

B

Yeah, thanks for <u>checking on me</u>. The doctor said I <u>have the flu</u>.
어, 신경 써줘서 고마워(확인해줘서 고마워). 병원에서 (의사가) 독감이라고 했어.

And man, these flu medicines are <u>no joke</u>!
그리고 이 독감 약들 정말 장난 아니다.

•**check on someone** : 괜찮은지 확인하다
•**have the flu** : 독감에 걸리다　　•**No joke** : -이 장난 아니다

A

Are the medicines <u>kicking in</u>?
와, 약효가 오는 것 같니?

Well, make sure to <u>stay hydrated</u> and I hope you <u>feel better soon</u>!
물 많이 마시고, 금방 낫길 바랄게(금방 나아지길 바라).

•**stay hydrated** : (물을 마셔서) 수분을 유지하다 •**feel better soon** : 빠른 회복을 기원하다

feel drugged out (약 기운에 취하다), **feel drowsy** (약 기운에 졸림을 느끼다)

In (size) : -사이즈의

Excue me. Do you guys have this in size (   )?

실례합니다. 혹시 (   ) 사이즈 있나요?

 Dialogue

A

Hi, there. Welcome to Forever21.
어서오세요, Forever21입니다.
(안녕하세요, Forever21에 오신걸 환영합니다.)

<u>Let me know</u> if you need anything.
필요하신 거 있으면 말씀하세요.

•**Let someone know** : -에게 알리다, 말하다

Excuse me. Do <u>you guys have this in (size)</u> small? **B**
실례지만, 이 제품 s 사이즈 있나요?

•**you guys** : '너희들, 여러분' 이라는 뜻이 있지만 여기서는 '이 매장에'로 해석
•**size**는 생략 가능

A

Oh, <u>let me go check</u> and I'll <u>be right with you</u>.
어, 제가 가서 한번 확인해 보고 바로 안내 드릴게요.

•**Let me go check** : 가서 확인해 보다
•**be right with you** : 금방(곧) 안내해 주다

원하는 옷 색상의 재고 여부를 물어볼 때 - **in (black / another color)**?
옷 사이즈 찾을 때 - **in (S, M, L)**? 신발 사이즈 찾을 때 -**in size (number)**?

Get left on read : 읽씹당하다 (메시지 읽고 답장받지 못하다)

I got left on read.
나 읽씹 당했어.

 Dialogue

A

> Dude, I'm <u>so done with</u> Simon.
>
> 야, 나 사이먼이랑 이제 진짜 끝이야.

•**be so done with-** : -와 정말로 끝이다, -와 진짜 끝이다

B

> Why? <u>Omg</u>, did he <u>leave you on read</u> again?
>
> 왜? 설마, 걔가 또 읽씹했니? (연락 무시했니?)
>
> <u>Seriously</u>, screw him!
>
> 정말, 걔(그 남자) 안되겠네!

•**OMG = oh my gosh**는 말 그대로 '코에 걸면 코걸이, 귀에 걸면 귀걸이' 느낌의
　　　　만능 감탄사로써, 이 맥락에서는 '얼척없음'을 담당
•**Seriously** : 정말로, 솔직히
•**Screw him!** : 그런 애는 얼른 손절하고 상대도 하지 마!
　　　　　　　(실제로는 마일드한 욕으로써, 순화된 해석)

---

get left on read
여기서 **read**는 과거분사형으로 쓰이므로발음이 '뤼이드'가 아닌 '뤠에드'인 것 잊지 말자!

Suspicious : 의심스러운, 수상쩍은

She's been acting kind of suspicious lately.

그녀는 요즘 수상쩍게 행동하고 있어.

 Dialogue

A

Hey, have you talked to Brenda <u>recently</u>?

너 최근에 브랜다랑 이야기 나눈 적 있어?

*recently : '최근'이라는 뜻으로, 주로 현재 완료형 / 과거형 문장과 함께 사용됨

Uhh, yeah. I <u>just</u> talked to her today at school. Why?

어, 응. 오늘 학교에서 같이 이야기했어. 왜?

B

*just : '그냥'이라는 의미도 있지만, 막 일어난 일에 대해 이야기 할 때도 쓰임

A

Oh, really? Well, she's been acting kind of <u>funny lately</u>.

오, 정말? 아니, 요즘 걔(그녀)가 행동이 조금 이상해서.

I don't know why.

나도 왜 그러는지는 모르겠어.

*funny : 행동이 평소와 다른
*lately : recently와 마찬가지로 '최근 / 요새' 라는 뜻 현재완료형 문장과 함께 사용

---

acting suspicious = acting funny, fishy, shady, weird
(의심스러운, 수상쩍은 행동을 하는,평소와 다른 행동을 하는)
🔁 Sounds fishy, shady (의심스럽게 / 수상하게 들리다)

109

Run an errand : 심부름을 하다, 볼 일을 보다

I'm out running some errands.
나 볼일이 좀 있어서 나와있어.

Dialogue

A

Michael! Michael!
마이클! 마이클!

B

What, mom? I'm busy!
뭐, 엄마? 나 바빠!

•한국과 달리 미국에서는 누군가의 부름에 대답할 때 왜요?의 의미로
why가 아닌 **what**을 사용함

A

Can you <u>do me a huge favor</u> and <u>run some errands</u> for me?
엄마 부탁 하나만 들어줄래? 심부름 좀 해줄래?

•**do someone a favor** : -의 부탁을 들어주다

---

have errands to run , run some errands (for) = 심부름을 하다, 볼 일을 보다, 처리해야 할 일이 있다

Revenge on : 복수하다

I'll get my revenge on the haters.
나는 악플러들에게 복수할 거야.

 Dialogue

A

Sera? How!
세라? 어떻게!

I saw you <u>drown</u> <u>with my own eyes</u>!
내 눈으로 익사하는 걸 봤어!

<u>This can't be happening.</u>
이게 진짜일 리 없어.

•**drown** : 익사하다
•**with my own eyes** : 내 두 눈으로 똑똑히 보다 (봤다는 걸 강조할 때 사용)
•**This can't be happening** : 말도 안 돼 이게 진짜일 리 없어

B

Oh, I have <u>revived</u> to <u>give you a taste of</u>
<u>your own medicine</u>.
너에게 똑같이 갚아주려고 다시 돌아왔어.

•**revive** : 다시 살아나다, 부활하다
•**give somebody a taste (dose) of one's own medicine** : 당한 그대로 갚아주다

get, take, have + revenge on = get back at someone (-에게 복수하다)

Bomb : -이 정말 맛있는

Wow, this Kimchi is so bomb!
와, 이 김치 진짜 최고다!

 Dialogue

A

> Dude, Linda's mom's burrito is <u>hands down</u> the best!
> It's so <u>bomb</u>.
>
> 야, 린다 어머니가 만드신 브리또가 진짜 세상에서 최고야! 완전 맛나!

•**hands down** : 의심의 여지 없이 확실한
동의어로는 **literally** (그야말로, 정말로) 가 있다

B

> Yeah, seriously! <u>Nothing can top that!</u>
>
> 맞아, 진짜! 린다 어머니 브리또만한 게 없어.

•**Nothing can top that** : 그만한 게 없다

A

> <u>Preach</u> it, <u>sista</u>!
>
> 완전 동의해!

•**preach** : 전도하다 라는 뜻이 있지만, 여기서는 상대의 말에 완전히 동의하는 뜻으로 쓰임
•**sista** : 'sister'의 힙한 버전으로, 문장 끝에 추임새 느낌으로 붙여서 여자인 동생, 친구 혹은
언니에게 사용함 이것의 남자 버전은 **bruh(brother)**

---

so / the bomb = delicious, (pretty) good / tasty, thebomb.com (-이 정말 맛있는)

Things are looking up : 상황이 호전되다

Wow, things are finally looking up for me.
와, 드디어 일이 잘 풀리기 시작하려나 봐.

😄 **Dialogue**

A

Hey, I <u>bumped into</u> Sean yesterday. It was so <u>unexpected</u>!
나 어제 숀이랑 우연히 마주쳤어. 상상도 못했어!

•**bump into** : 'run into' 동의어
•**unexpected** : 예상치 못한

B

Oh, how did he look?
Cause Sera told me he <u>hit rock bottom</u> last year.
오, 걔(세라) 어때? 왜냐면 세라에게 듣기론 벼랑 끝까지 갔다던데(바닥을 쳤다던데).

So, I guess he <u>had a very rough time</u>.
작년에 엄청 힘들게 보냈나 보더라고.

•**hit rock bottom** : 최악의 시기를 보내다
•**have a rough time** : 힘든 시간을 보내다

A

Oh, really? Well ⋯ he <u>looked fine</u> to me.
어, 정말? 음, 내가 봤을 땐 괜찮아 보였어.

So ⋯ maybe <u>things are looking up</u> for him.
아마 상황이 좀 나아진 게 아닐까?

•**look fine** : 괜찮아 보이다

🆔 **look up** = 올려다보다, (to) -를 존경하다, (정보를) 찾아보다

Baby something : 애지중지하다

I think you're babying your son too much.
너 아들을 너무 오냐오냐하는 거 아니야?

 Dialogue

A

Dude, guess what?
My little brother broke his arm the other day,
야, 그거 알아? 내 남동생 며칠 전에 팔이 부러졌는데

and <u>oh my gosh</u>, he's <u>like</u> the king of the house now.
그 뒤로 완전 집에서 왕 대접을 받고 있어.

• **the other day** : 며칠 전에
• **Oh my gosh** : 말도 마
• **be like** : 무엇에 빗대어 말할 때 혹은 누구를 흉내낼 때 자주 사용

B

Huh? <u>What do you mean by that</u>?
어? 왕 대접? 그게 무슨 뜻이야?

• **What do you mean by that** : 상대방의 말을 정확히 이해 못했을 때 되묻는 의미로 쓰임
by that 생략 가능

A

Like, my mom washes his face for him, <u>feeds</u> him,
그니까, 엄마가 세수도 시키고, 밥도 먹여주고,

so literally, she's <u>babying</u> him. UGH!
정말 말 그대로 오냐오냐하고 있어. 으!!!

• **feed** : 밥을 먹이다

baby = 아기, 연인들 사이 호칭 (**baby, babe**), 오냐오냐하다, 애지중지하다
🔊 **spoiled** (응석받이로 자라) 버릇 없는

Don't quote me on : 확실치 않은 정보에 대해 말할 때

Don't quote me on this (that).
내가 하는 말 (틀릴 수도 있으니) 너무 전적으론 믿지 마.

😶 Dialogue

Hey, is it true that Linda is being <u>a two-timer</u>?
야, 린다가 양다리 걸친다는 게 사실이야?

*a two-timer : 양다리 걸치는 사람

B

Well, <u>don't quote me on this</u>, but <u>rumor has it that</u>
내가 하는 말 너무 믿지마, 하지만 소문에 의하면 걔(그녀)는 양다리 뿐만 아니라,

she is <u>seeing</u> multiple guys <u>at once</u>.
이 남자 저 남자 다 만나고 다닌다고 그러더라.

*Rumor has it that …… : 소문에 의하면
*see : '보다'라는 직역적 의미가 아닌 '사람을 만나다'라는 뜻으로 쓰임
*at once : 동시에

My gosh, <u>that's ridiculous</u>.
어머 세상에, 말도 안돼.

Let's hope that it's not true.
사실이 아니길 바라 보자.

*That's ridiculous : 어떤 사실이 믿기 힘들만큼 황당하거나 어이없을 때 사용

I'm <u>not entirely sure</u> about this, so <u>don't blame me if I'm wrong</u>
(나도 완전 확실하진 않으니까 틀려도 내 탓하지 마)

Camera-shy : 사진 찍는 것을 좋아하지 않는

I'm camera-shy.
저는 사진 찍은 거 별로 안 좋아해요.

 Dialogue

A

Sean, come on! Let's <u>take selfies</u>!
숀, 모여! 같이 셀카 찍자!

This application called <u>SNOW is lit</u>!
스노우라고 어플 있는데, 이거 진짜 최고야! (대박이야!)

•**take selfies** : 셀카를 찍다
•**something is lit** : -이 대박이다, 진짜 좋다

B

Uhh, no thanks. I'm <u>camera-shy</u>, you know?
음… 난 됐어. 나는 사진 찍는 거 별로 안 좋아하잖아.

<u>Just leave me out of it</u>.
그니까 나는 빼줘.

•**Just leave me out of it** : 난 제외시켜 줘

A

Well, <u>true that</u>.
음… 그래 네 말이 맞아.

You're not that <u>photogenic</u>. Alright, man.
너 사진발 안 받잖아. 그래, 알겠어.

•**True that** : 상대의 말에 동의하는 표현
•**photogenic** : 사진이 잘 받는

not photogenic (사진빨이 잘 안받는), **look better in person** (실물이 더 낫다)

Pick-me-up : 활력소

I definitely need a pick-me-up cause obviously I'm stuck in a rut.

나는 활력소가 필요해. 왜냐면 보다시피 틀에 박힌 삶에 갇혀서 많이 지쳤거든.

 Dialogue

A

Wow, Simon!
Congratulations on your <u>well-deserved promotion</u>!

우와, 사이먼! 승진 축하해! 이게 다 네가 그간 열심히 일 한 결과야!

•**well-deserved** : 충분한 자격이 있는, 받아 마땅한
•**promotion** : 승진

B

Aww, that <u>means so much</u> to me, <u>especially</u> coming from you!

너무 고마워! 네가 말해주니까 더욱 의미가 남다르다.

<u>How are things</u> at work?

넌 요즘 직장생활 어때?

•**mean so much** : **thank you!**에 감사의 의미를 100스푼 더 넣은 느낌의 고마워!
•**especially** : '특히' 의미부여의 뜻을 지님
•**How are things** : 안부를 묻는 표현으로, '**How are things going?**'
　　　　　　　　　　(너 요즘 어떻게 / 뭐하며 지내?) 로도 빈번히 쓰임

A

Well, I <u>definitely</u> need <u>a pick-me-up</u>

음, 솔직히 나는… 요즘 활력소가 좀 필요해.

cause I <u>feel like</u> I'm <u>stuck in a rut</u>.

틀에 박힌 삶을 살다 보니 좀 지쳤어.

•**be stuck in a rut** : 매일매일이 같은 / 틀에 박힌 삶을 살다

pick me up (차로 나를 데리러 와 줘)과 **pick-me-up** 혼동 금지!

Run low on something : -이 다 떨어져 가다

Mom, we're running low on milk.
엄마, 우리 우유 다 마셔가.

 Dialogue

A

Mom! Ugh, if I don't hurry, I'm gonna <u>be late for</u> school.
엄마, 으, 나 빨리 준비 안 하면 학교 지각하겠다.

Can I just have cereal for breakfast?
아침은 그냥 시리얼 먹으면 안돼?

•**be late for** : -에 늦다, 지각하다

B

Alright- But we're <u>pretty low on</u> milk, son!
알겠어. 아들아! 근데 우리 우유 거의 없을 거야.

Sam- Looks like we have <u>just enough</u> milk <u>for a bowl</u>!
Sam- 딱 시리얼 한 그릇 양만큼 우유가 남아있어!

•**be pretty low on** : -이 거의 없다
•**just enough** : -할 만큼은 있는
•**for a bowl** : 한 그릇 양

 A

Oh, <u>sweet</u>!
오, 좋아! (다행이다!)

•**sweet** : '달달한'의 뜻이 아닌 'Nice! Cool! Great!'의 동의어

low on sugar은 문맥에 따라 '설탕이 거의 다 떨어졌다' 혹은 '당 떨어졌다'로 해석

Embarrass : 당황스럽게 / 난처하게 만들다

Stop it! You're embarrassing me.

그만해. 넌 내게 쪽팔림을 주고 있어.

 Dialogue

A

Dude, guess what?

야, 그거 알아?

I <u>tripped</u> at the bus stop yesterday,
and it was so <u>embarrassing</u>.

나 어제 버스 정류장에서 넘어졌는데, 너무 창피했어.

•**trip** : (발을 헛디뎌) 넘어지다
•**embarrassing** : 당황스러운, 창피한

Ouch, that must have hurt. Are you <u>bruised</u>?

아야, 아프겠다. 너 멍은 안 들었어?

B

•**be bruised** : 멍이 들다

A

Uh, looks alright. But my body is kind of <u>sore</u>.

어, 괜찮은 것 같은데 몸이 좀 쑤신 것 같아.

•**sore** : 몸이 쑤시는, 욱씬한

🔄 **humiliate** (망신과 굴욕, 수치스러움을 동반한 창피를 표현할 때 사용)

Be bad with: -에 약하다, 잘 못하다

I'm so bad with directions.
나는 길눈이 진짜 어두워.

 Dialogue

A

Hey, so, our <u>high school reunion</u> is gonna be at Hilton.
저기, 우리 고등학교 동창회 힐튼에서 한대.

Are you coming?
너 올 거야?

•**high school reunion** : 고등학교 동창회

B

Duh, of course!
Well, I'm gonna <u>take my car</u> there and the problem is,
물론이지! 흠, 차 끌고 갈 건데 문제는,

I'm so bad with directions.
내가 길눈이 진짜 어두워.

So, I might <u>get lost a couple times</u>.
가다가 길을 몇 번 잃을지도 몰라.

•**Duh** : 상대방이 어떤 당연한 것에 대해 물을 때, '당연한 걸 왜 물어?' 식의 대답
•**take my car** : 자차를 타고 가다
•**get lost** : 길을 잃다
•**a couple times** : 몇 번

A

Oh, you'll be fine. If you do get lost, just call me.
오, 괜찮을 거야. 그래도 혹시 길을 잃는다면, 나한테 전화해.

I have a terrible sense of direction(나는 굉장히 길눈이 어두워)

Excited : 신이 난, 들뜬, 기대되는

I'm so excited!
나 너무 신이 나서 들떴어!

😃 Dialogue

A

Man, David! You look really <u>psyched</u>.
데이빗! 너 매우 들떠 보이는데,

What's happening? Do you have good news?
무슨 일이야? 좋은 일이라도 있어?

Oh my gosh, are you ready for this?!! I <u>freakin'</u> <u>got into</u> Yale! **B**
OMG, 들을 준비 되었어? 나 예일대에 합격했어!!

*freakin'(비격식) : 비속어를 순화시킨 말이지만, 이렇게 흥분한 감정을 더 강조하고 싶을 때에도 쓰여짐
*get into : 합격하다

A

No freakin' way! <u>Are you being serious right now</u>?!
말도 안돼! 너 지금 장난치는 거 아니지?

*Are you being serious right now : 여기서 뉘앙스는 긍정의 '진짜야?! 장난치는 거 아니지?!'
이지만, 상황에 따라 '지금 나랑 장난해?'라는 부정적 의미도 지닐 수 있음

Yeah, dude! I'm so <u>pumped</u>! **B**
진짜야! 나 지금 완전히 흥분했어! (신났어!)

excited= stoked, psyched, thrilled, pumped (기대되어 / 좋아서 신이 난, 들떠있는)

121

Jaywalk : 무단횡단하다

If you get caught jaywalking in Korea, you'll be fined $30.

한국에서 무단 횡단하다가 적발되면 3만 원의 벌금을 내게 된다.

 Dialogue

A

Man, seeing people jaywalk pisses me off.

무단 횡단하는 사람들을 보고 있으면 열 받아.

•**piss me off** : 나를 열 받게 / 화나게 한다

B

Oh god, they're everywhere.
Well, don't quote me on this, but according to NAVER,

내 정보가 틀릴 수도 있는데, 네이버에 의하면

if you get caught jaywalking in Korea, you'll be fined $30.

한국에서 무단횡단 하다가 걸리면 벌금이 3만 원이래.

•**They're everywhere** : '그런 사람들은 어디에나 꼭 있어'라고 말할 때 쓰면 유용
•**according to** : -에 의하면   •**get caught** : 적발되다
•**be fined** : 벌금형을 받다

A

Oh, just 30 bucks?

뭐, 고작 3만 원?

We definitely need a heavier fine.

그것보다 더 많은 벌금을 물려야 해.
(그것보다 더 많은 벌금을 내도록 해야 해 / 더 무거운 벌금형이 필요해).

•**bucks = dollars** : 미국에서는 'dollars'보다는 'bucks'를 더 많이 씀
•**heavier** : 더 가중된   •**fine** : (명사)벌금, (동사)벌금을 매기다

run a stop sign / red light (정지사인 / 빨간불을 무시하고 달리다)

Get pulled over : (경찰이) 차를 갓길로 세우다

Slow down! You're gonna get pulled over by a cop for speeding!
속도 줄여! 너 그렇게 속도 내다가 경찰이 차 세우라고 그러면 어쩌려고 그래!

 Dialogue

A
Gosh, David! You're <u>going too fast</u>!
데이빗! 너 너무 빨리 달리고 있어!

<u>Stay within the speed limit</u>!
제한속도 좀 지켜!

- •**go too fast** : 과속하다
- •**stay** : 머물다, 현재 상태를 유지하다
- •**within the speed limit** : 제한 속도를 지키며

B
Dude, I'm not <u>even</u> going <u>that</u> fast.
야, 나 그렇게 빨리 달리고 있지 않아.

<u>Chill out</u>!
호들갑 떨지마! (진정해! / 침착해!)

- •**even, that** : 문장을 강조함
- •**Chill out** : 호들갑 떨지 마, 진정해

A
<u>Whatever</u>, you're gonna <u>get pulled over</u> by a cop <u>for speeding</u>!
그래 네 맘대로 해, 그러다 경찰한테 걸려서 속도 위반 딱지 받는 거지 뭐-

- •**Whatever** 뉘앙스 : (자포자기한 듯) 너 마음대로 해라
- •**for speeding** : 속도위반으로

Pull over to the curb / side! (갓길에 차 세우세요!)

Talk someone into something : (누구를) 설득시켜 (무언가를) 하게 만들다

I'm trying to talk her into doing Yoga with me.
나랑 요가 같이 다니자고 친구를 꼬시는 중이야.

😋 Dialogue

Ughh, I'm SO <u>bored out of my mind</u>!

어우, 나 정말 너무 심심하다!

<u>What's there to do?</u>

할 만한 게 뭐가 있을까?

•**be bored out of one's mind** : (멍할 정도로) 너무나도 따분하고 심심하다
•**What's there to do?** : 할 만한 거 뭐 없나?

B

Oh my gosh,
I recently <u>signed up for</u> a Yoga class and it's really fun!

오 그래? 내가 얼마 전에 요가 수업을 등록했는데 정말 재미있어!

•**sign up for** : 등록하다

<u>I see what you're doing.</u>

네 속셈이 뭔지 알 것 같아.

You're tryna <u>talk me into doing Yoga</u>! <u>Busted-</u>

너 지금 같이 요가하자고 설득시키는 거지! (꼬시려는 거지!) 딱 걸렸어-

•**I see what you're doing** : 속셈, 꿍꿍이를 알아차리다
•**Busted** : (수작을 부리다가) 딱 걸린, 들킨

fast-talk someone into something (현란한 말 발로 -를 꼬셔서 -하게 만들다)

Be joined at the hip : 항상 같이 붙어 다니다

My brother and I used to be joined at the hip when we were kids.

오빠랑 나는 어렸을 때 항상 붙어 다녔다.

 Dialogue

A

I'll tell you what.
내가 할 얘기가 있어.

Sera's been <u>ghosting me</u> for a month! Can you believe that?!
세라가 한달 째 나를 모른 척하고 있어. 믿겨져?

•**I'll tell you what** : 있잖아
•**ghost someone** : 모른 척하다, 잠수 타다

B

WHAT?! You guys have <u>been joined at the hip</u> since <u>middle school</u>! What happened?
뭐? 너네 둘 중학교 때부터 항상 붙어 다녔잖아. 무슨 일이야?

•**middle school** : 미국에서는 중학교를 'junior high'라고도 함

A

Ugh··· You're right. We WERE <u>inseparable</u>.
음, 네 말이 맞아. 우리는 떨어질 수 없는 사이였어.

But then··· <u>ever since</u> she moved to New York, she's been acting like <u>a whole new person</u>.
근데 걔(그녀)가 뉴욕으로 이사 간 이후로 완전히 다른 사람처럼 변했어.

•**inseparable** : 뗄래야 뗄 수 없는
•**ever since** : ~이후로 줄곧
•**a whole new person** : 완전 딴 사람 (긍정 혹은 부정의 의미가 될 수 있음)

be joined at the hip = be stuck like glue (껌딱지처럼 붙어 다니다)

125

Right up my alley : 내 스타일이다, 취향저격이다

This incredible looking piece of art is right up my alley.
이 훌륭한 예술작품은 완전 내 스타일이야.

 Dialogue

A

> Oh my gosh- look at this <u>incredible</u> <u>looking</u> <u>piece of art</u>!
> OMG. 이 놀랍게 생긴 예술 작품 좀 봐!
>
> This is <u>right up my alley</u>!
> 완전 내 스타일이야!

•**incredible** : 믿을 수 없는, 놀라운
•**looking** : 보이는
•**a piece of art** : 예술품

> Wow- It is <u>jaw-dropping</u>!
> 우와- 입이 떡 벌어 질 만하다!

B

•**jaw-dropping** : 입을 떡 벌어지게 만드는

A

> Yeah, <u>I wonder if</u> this is <u>up for sale</u>.
> 맞아, 이거 판매하는 작품인지 궁금하다.

•**I wonder if** : -인지 궁금하다
•**up for sale** : 팔려고 내놓은, 판매 가능한

---

right up my alley : 자신의 취향, 관심사, 혹은 능력에 적합한 어떤 것에 대해 이야기 할 때 사용

Be in the know : -에 대해 잘 알다. 정보에 밝다.

Oh c'mon, I want to be in the know!
아 뭔데- 나도 알고 싶어! (나한테도 말해줘)

Dialogue

A

> Hey, <u>what's so funny</u>?
> 얘들아, 뭐가 그렇게 재미있어?

•**What's so funny?** : 이중적으로 사용 가능
　　　　　　　　　 약간 열 받은 투로 '너는 지금 이게 (이 상황이) 웃기냐?'도 가능

> Ah, it's <u>an inside joke</u>.
> 아, 그냥 우리끼리 아는 거야. (아, 그냥 우리만 아는 농담이야)

B

•**an inside joke** : 자기들끼리만 아는 농담

A

> Oh <u>c'mon</u>, I want to <u>be in the know</u>!
> 오 뭐야, 나도 알려줘! (나도 알고싶어!)

•**C'mon = Come on**

Don't keep me in the dark! (너희만 알지 말고 나도 알려줘!)

If this isn't (…), I don't know what is :
이게 -이 아니라면, 도대체 뭐가 -?

___

If this isn't true love, I don't know what is.
지금 내가 하고 있는 이게 참사랑이 아니면, 도대체 뭐가 사랑이야?

Dialogue

A

You know what? I think Simon and I <u>are</u> just <u>meant to be</u>.
내 생각엔 사이먼이랑 나는 완전 천생연분이야.

•**be meant to be** : 천생연분이다, 운명이다

B

Uh, Sara? <u>Come to your senses</u>, <u>girl</u>.
사라야, 정신 차려.

You've known him for <u>less than</u> a week.
너 사이먼이랑 알고 지낸 지 일주일도 안 됐잖아.

•**Come to your senses** : 정신 차려라
•**Girl** : '야, 얘' 정도의 추임새로 쓰인 것으로, '여자'라고 해석하지 않는다
•**less than** : -도 안 된, 미만의

A

So what? <u>If this isn't true love, I don't know what is.</u>
그게 뭐 어때서? 우리 사랑이 참사랑이 아니면 도대체 뭐가 사랑이야?

Just <u>be happy for</u> me.
그러니까 우리 사이 응원해줘.

•**be happy for** : -의 행복을 빌어주다

___

If this isn't (…) 자리엔 명사 혹은 형용사 넣기

Legwork : 발품을 많이 팔아야 하는 일, 시간과 노력이 많이 드는 일

I mean, come on guys!
Somebody's gotta do the legwork.
저기요 여러분, 누군가는 이 일을 하긴 해야할 거 아닙니까!

 Dialogue

A

Sara, where you at, girl?

사라야, 너 어디야?

Are you still <u>shopping away</u>?

너 아직도 쇼핑중이야?

*shopping away : 쇼핑 중인

B

Yeah girl, I'm still <u>at the mall</u>.

응 나 아직 백화점이야.

But just found the perfect dress.

근데 방금 완전 마음에 쏙 드는 드레스 찾았어.

Had to do a lot of <u>leg work</u>.

발품 팔아서 찾았어.

*at the mall : 백화점에(서)

A

<u>Oh my god</u>, Send me a picture. I wanna see.

대박, 사진 보내줘. 나도 보고싶어

*Oh my god : Oh my gosh와 같은 뜻으로, 이 맥락에선 기쁨의 '어머! 진짜?!'로 해석

'발품 팔다 = 엄청난 양의 옷들을 샅샅이 뒤졌다'라는 의미에서
had to do a lot of legwork = had to dig through racks of clothes 사용 가능

On a whim : 즉흥적으로, 충동적으로

She likes to buy stuff on a whim.
그녀는 즉흥적으로 뭘 덜컥덜컥 잘 사.

 Dialogue

A

Honey, I have a confession to make.
여보, 나 고백할게 있어.

But first, please promise me that you are not gonna get mad at me for this.
근데 먼저 이걸로 나한테 화 안 낼 거라고 약속부터 해줘.

•**a confession** : 자백, (죄의)고백
•**get made at** : -에게 화를 내다
•**for this** : 이 일로 / 무엇 무엇 때문에

Um okay. I'll try.
그래 말은 해봐. 내가 노력해볼게.

B

A

I sort of put down a deposit on a car on a whim.
내가 혹해서 차 계약금을 걸고 왔어.

But let me explain.
일단 내가 다 설명할게.

•**sort of** : 별 의미 없는 '음 … 뭐랄까 …' 쯤으로 해석
•**put down a deposit (on)** : 보증금, 계약금을 걸다, 지불하다

on a whim = on impulse (충동적으로)

Wrap one's head around : 제대로 파악하다, 이해하다

I couldn't wrap my head around it.
난 그것을 잘 이해하지 못했어.

 Dialogue

A

Dude, that <u>meeting</u> we had on Wednesday?
야 우리 수요일에 회의한 거 있잖아.

It was <u>pointless</u>. <u>Like</u>, what is our boss <u>even</u> trying to do?
그거 도대체 왜 한 거야? 사장님은 대체 뭘 원하는 거야?

•**meeting** : 회의
•**pointless** : 무의미한
•**like** : 추임새 느낌의 '아니'
•**even** : 도대체 (강조)

B

<u>That's what I'm saying</u>. He was trying to <u>drop his ideas</u>.
내 말이 그 말이야. 사장님은 막 자기 아이디어를 쏟아내시는데.

But I seriously couldn't <u>wrap my head around it</u>.
원하는 게 뭔지 모르겠더라.

•**That's what I'm saying** : 내 말이 그 말이야
•**drop one's ideas** : 이런저런 의견, 아이디어를 내다

A

Uh, somebody's gotta <u>step up</u> and tell him.
아진짜 누군가는 나서서 말해야 한다.

•**step up** : (용기를 내어) 나서다

wrap one's head around = understand, grasp, process (~을 이해하다)
couldn't understand a thing (1도 이해하지 못했다)

Don't let something get to : -에 너무 개의치 마.

Don't let little things get to you.
별 일 아닌 걸로 열 받지 마 / 이런 걸로 기 죽지 마!

 Dialogue

A

> Sara, you okay, girl? Your eyes <u>are</u> really <u>red</u>. <u>What's going on</u>?
>
> 사라야, 너 괜찮아? 네 눈이 빨갛다. 무슨 일이야?

- **be red** : 빨갛다, 충혈되다
- **What's going on?** : 여기서는 "뭐 땜에 그래? 말해봐-'의 뉘앙스를 지니고 있지만, 상황에 따라 '분위기가 왜이래?' 라고도 쓰일 수 있음

B

> Yeah, I just had to <u>cry it all out</u>.
>
> 나 울었어.
>
> Well, my team manager just <u>hates my guts</u> and says <u>hurtful</u> <u>stuff</u>.
>
> 우리 팀장님이 나를 너무 싫어해. 그리고 상처 받는 말도 해.

- **cry it all out** : 실컷 울다
- **hurtful** : 상처가 되는
- **hate someone's guts** : -를 극도로 싫어하다
- **stuff** : 여기서는 (상처가 되는) '이런저런 말들'을 뜻함

A

> <u>That's awful</u>. But <u>don't let it get to you</u>.
>
> 세상에 말도 안돼, 진짜? 근데 그런 거에 무너지지 마.
>
> She's just one of those <u>ignorant</u> people
> who like to <u>crash</u> others, you know?
>
> 그녀는 다른 사람 뭉개는 걸 좋아하는 상식 밖의 사람 중에 하나야.

- **That's awful** : 세상에, 정말? 말도 안 돼!
- **crash** : (다른 사람을) 망가뜨리다
- **ignorant** : 무지한, 상식 밖의

Don't get too worked up about these little things.(사소한 것들에 너무 열 받지 마)
Don't let (…) get you down (-에 기 죽지 마)

Let it slide : (실수를) 눈 감아주다

When I was a newbie at work, I made a huge mistake.
But my coworkers were kind enough to let it slide.
내가 직장 신입이었을 때, 엄청 큰 실수를 했는데 내 동료들이 친절하게도 눈 감아줬어.

😃 Dialogue

A

Wow, yesterday was my <u>lucky day.</u>
와 나 어제 진짜 운 좋았다.

•**lucky day** : '운 좋은 날' 여기서는 반어법으로 사용됨

B

Okay?
오 그래서?

A

I got pulled over by a cop for speeding.
나 어제 속도 위반해서 경찰에 걸렸는데.

But <u>to my surprise</u>, he <u>was kind enough to</u> <u>let it slide.</u>
놀랍게도 경찰이 봐줬어.

•**To my surprise** : 놀랍게도
•**be kind enough to** : 친절하게도, 고맙게도, 아량을 베풀다

B

Did you use your <u>puppy face</u>?
너 네 강아지 표정 했어?

•**puppy face** : 직역은 '강아지 얼굴'이지만, '강아지처럼 귀여운 표정'을 짓다 라는 뜻으로 쓰임

let someone off, let it go / pass (봐주다)

133

Haggle : 흥정하다

I'm really good at haggling over the price.
나는 물건 값 흥정을 잘 해!

 Dialogue

A Oh my gosh, these earrings are so cute.
어머나, 이 귀걸이 너무 귀엽다.

Umm··· <u>How much are you selling this for</u>?
어, 이거 얼마에 파시는 거예요?

•**How much are you selling this for** : 이거 얼마에요 (**How much is this**)의 다른 표현

B Uh, that <u>one</u>'s 10 dollars.
이거는 10달러에요.

•**one** : '하나'가 아닌, 앞서 언급된 '이 귀걸이'를 의미함

A Hmm, can you do 8? I'll <u>pay in cash</u>.
음, 8달러는 안되나요? 현금으로 살게요.

•8에서 보이듯이, 뒤에 **dollars**가 생략되는 경우도 많음 **Can you do 8?** = **How about 8?**
•**pay in cash** : 현금으로 구매하다

C Wow, <u>you're really good at</u> <u>haggling over the price</u>.
와, 너 물건 값 흥정 되게 잘하는구나.

•**be good at** : -을 잘 하다   •**haggle over the price** : 값을 흥정하다

haggle = bargain

Munch on something : -을 먹다, 군것질하다

I'm munching on potato chips.
나 감자칩 먹고 있어.

Dialogue

A

Sera! I <u>haven't eaten anything</u> today.
세라야! 나 여태 빈속이야.

Ugh, I'm starving. <u>Do you have anything to munch on?</u>
정말 배고파. 너 뭐 먹을 거 있니?

•**haven't eaten anything** : 아무것도 먹지 못한 빈속인 상태
•**Do you have anything to <u>munch on</u>?** : <u>snack on</u> (간식거리, 주전부리)로 바꿀 수 있음

B

Gosh, <u>poor you</u>!
Well, I have <u>a bag of</u> potato chips, do you want it?
어머 딱해라. 나 감자 칩 있는데, 이거라도 먹을래?

•**Poor you** : 저런, 딱해라
•**a bag of something** : 한 봉지

A

OH MY GOSHHH, YES! I'll <u>devour</u> that!
어머 당근이지. 감자 칩이 작아서 완전 3초만에 먹겠다.

You're <u>a lifesaver</u>, man!
너 없었으면 배고파서 죽을 뻔했는데, 네 덕에 살았어. 고마워!

•**devour** : 허겁지겁 게걸스럽게 먹어 치우다
•**a lifesaver** : 구세주

munch on은 감자칩 혹은 당근같이 아작아작 씹는 소리가 나는 것들을 먹을 때에 잘 쓰임

Get the hang of : 이해하다, 파악하다, 적응하다, 감을 잡다

I'm slowly getting the hang of it.
나 조금씩 감을 잡아가고 있는 것 같아.

 Dialogue

A

Hey Sera, I heard you <u>landed a new job</u>!
세라야, 너 새로 취직했다고 들었어.

<u>How's work treating you</u>?
일하는 건 좀 어때?

•**land a job** : 직장을 구하다, 취직하다
•**How's** (⋯) **treating you?** : (⋯)는 좀 어때?

B

Umm, it's been <u>hectic</u>, you know?
어 정신 없지 뭐.

But I think I'm slowly <u>getting the hang of</u> it.
아직 적응하려면 한참 멀었는데, 그래도 잘 해내고 있는 것 같아.

•**hectic** : 정신 없이 바쁜

A

Oh, that's fantastic, Sera!
어머- 잘 해내고 있다니까 내 맘도 좋다 야!

I'm sure you'll <u>blend in</u> just fine.
난 네가 적응할 거라고 믿어 의심치 않아.

•**blend in** : 환경에 잘 적응하다

get the hang of = get the knack of (요령을 터득하다, 감을 잡다)

A daily dose of something : 하루에 충족시켜줘야 할 어떤 것의 양

Well, I need to get my daily dose of vitamin D.
뭐, 햇빛 좀 쬐러 나가려고.

 Dialogue

A

> Man, Mondays are <u>rough</u>, you know?
> 어우 또 월요일이야? 진짜 월요일 쉽지 않다. 야 맞지!

•**rough** : 힘든, 쉽지 않은

B

> Yup, <u>say no more</u>! Well, <u>speaking of which</u>,
> 그래, 알지. 말 나온 김에,
>
> I should get my <u>daily dose of coffee</u>.
> 커피나 한 잔 하면서 월요일을 이겨내야겠다!

•**Say no more** : (무슨 뜻인지 아니) 더 이상 말하지 않아도 된다 (격한 공감)
•**Speaking of which** : 말이 나온 김에
•**dose** : 복용량
•**my daily dose of coffee** : 하루에 늘 마시는 커피 양

A

> <u>Sounds like a plan</u>-
> 좋은 생각인 것 같다 얘-

•**Sounds like a plan** : **Sounds good**의 참신한 표현

A daily dose of + 명사
A는 인칭대명사 중 소유격 (**my / your / her / his / our / their**)으로 대체 가능

Scoot over : 자리를 좁혀 앉다

Scoot over.
(자리) 옆으로 좀 당겨.

 Dialogue

A

What up, guys! What chu doing?
얘들아 안녕? 너네 뭐하니?

•**What up** 혹은 **What's up** : 안녕?
•**What chu = What are you**

B

Nothing much, man. Just farting around,
binge-watching Modern Family.
우리 그냥 있는데? 빈둥거리고 있다~ Modern Family 몰아보기 하는 중이다~

•**Nothing much** : 딱히 하고 있는 것이 없는
•**fart around** : 빈둥거리다
•**binge-watch** : (영상물을) 몰아보다

A

Oh, is season 11 out?
어! 모던패밀리 시즌 11 나왔나?!!

Scoot over, make some room for me.
나도 보게, 좀 당겨봐. 쇼파에 내 앉을 자리도 좀 만들어 줘.

•**something is out** : 출시되다, 개봉하다, 새로운 어떤 것이 나오다
•**make some room for** : -를 위해 공간을 만들어 주다

slide over은 **미끄러지듯 스-윽** 느낌의 '옆으로 좀 비켜줘'를 의미함
헷갈린다면 버스 좌석이나 벤치를 떠올려보자!

At this hour : 이 오밤중에

What are you doing at this hour?
이 밤 늦은 시간에 안자고 뭐하니?

 Dialogue

A

Jeez, you <u>night owl</u>!
어우, 이 야행성 인간!

What are you doing <u>at this hour</u>?
이 야밤에 안자고 뭐하니?

*night owl : 야행성 인간

B

Shh, <u>quiet down</u>! You're gonna wake mom.
조용조용히 좀 얘기해! 엄마 깨울 일 있어!

I'll <u>hop in bed</u> soon! Don't worry.
금방 자러 갈게!

*quiet down : be quiet이 조용히 해 느낌이라면, quiet down은 (목)소리 낮춰!
*hop in bed : 자러 가다

A

Dude, c'mon! it's four <u>in the morning</u>. <u>Lights out</u>!
야, 지금 시간이 새벽 네시다! 불 꺼라! 당장 자러 가라!

*in the morning : '아침에' 라는 뜻도 있지만, 여기서는 a.m.(새벽)을 의미함
*Lights out : 불을 끄다

---

at this hour = this late at night (이 야심한 시간에)

In a pickle : 곤경에 처한, 난감한, 곤란한

That puts me in a real pickle!
(그 상황은) 저를 난감하게 만드네요!

😊 Dialogue

 A

Hey Sera, um···
Do you mind if I borrow your phone for a quick call?

세라야, 어··· 혹시 괜찮으면, 네 휴대폰으로 전화 한 통만 해도 될까?

•**Do you mind if** ··· : 혹시 괜찮다면 -해도 될까?
•**a quick call** : 급한 전화 혹은 짧은 전화 한 통

B

Uh··· yeah, sure. But ··· don't you have your own?

뭐, 그래! 근데 네 폰은 어디 가고 내 걸로 하려고 해?

•**own** : 앞서 'phone'이 언급되었기 때문에 **own** 뒤에 **phone**은 생략됨

 A

Well, I think I lost it somewhere

어 그게 어디서 휴대폰 떨어뜨린 것 같다

and I really need to call my mom.

근데 엄마한테 급하게 전화를 좀 해야 돼서

So, I'm in a bit of a pickle.

암튼 상황이 좀 그렇다.

•**somewhere** : 어딘가에서
•**a bit of** : 좀

in a pickle = in a bit of a situation (곤란한 상황에 처하다)

Act up : 무언가가 (또) 말썽이다

My computer is acting up again.
내 컴퓨터가 또 말썽이야.

Dialogue

A

Hey Cindy, are you alright?
신디야 어머 너 괜찮니?

You look <u>super</u> <u>wiped out</u>.
너 엄청 퀭한데? 몰골이 말이 아닌데?

•**super** : 엄청
•**wiped-out** : 몰골이 말이 아닌, 퀭한, 녹초가 된

B

Oh, my <u>toddler</u> was <u>acting up</u> last night,
어.. 우리 갓난애가 어제 애를 좀 먹여가지고,

she just wouldn't go to bed, you know?
어우 저녁에 잠을 안 자는 거 있지!

•**toddler** : (대략) 12-36개월 사이의 아이

A

Oh, I'm sorry! You should <u>take a power nap</u> during lunch.
어우 그랬어 점심 때 잠깐 눈 좀 붙여!

•**take a power nap** : 기력 회복을 위한 짧은 낮잠을 자다

act up은 기계의 고장, 몸 상태의 (안 좋은) 변화, 사람의 태도와 관련된 말썽
(찡얼거리다, 버릇없이 굴다, 말을 안 듣다) 에 사용

As in : -라고 할 때의

As in
(-) 할 때 (-)

😃 Dialogue

A

Good afternoon, this is Sera, how may I help you?
안녕하세요 고객님? 좋은 오후죠? 뭘 도와드릴까요?

B

Hi, umm… I placed an order a while ago,
아.. 네 수고 많으십니다.그.. 제가 주문을 한 지가 좀 됐는데,

but it hasn't arrived yet.
아직 택배가 안 와서요.

•**place an order** : 주문하다 •**a while ago** : (시간,시기가) 좀 지난

A

Oh, I'm sorry for the inconvenience.
아이고- 고객님! 불편을 드려서 상당히 죄송합니다.

Umm, let me look up your order. May I have your name?
제가 주문 건 한 번 봐드릴게요. 성함이?

•**inconvenience** : 불편 •**look up** : 찾아보다 •**order** : 주문 건

B

Oh, thank you! It's B as in banana, O as in onion,
M as in monster, I as in India, N as in nice!
감사해요. 바나나할때 B, 어니언 할 때 O, 몬스터 할 때 M, 인디아할때 I, 나이스 할 때 N 입니다.

보통 **as in** 뒤에 오는 단어 형태의 사용 빈도는 명사 > 형용사

- Material : -감

Simon is perfect husband material.
사이먼은 남편감으로 최고다.

Dialogue

A

Oh my gosh, Jonathan is super <u>cute</u>.

어머, 무슨 일이야! 조나단! 얼굴 천재네! 잘생기고 귀엽고 막, 자기 혼자 다하네!

•**cute** 뉘앙스 : 이성에게 **cute**이라고 할 때에는 (행동, 물건, 혹은 어린아이에게 하는)
'귀여운'의 뜻이 아닌 '얼굴이 잘생긴'으로 해석

B

Well, he <u>may be</u> cute, <u>but</u> he's not boyfriend <u>material</u>!

뭐.. 겉은 번지르르한데, 남자친구 감으로는 영 아닌데?

•**may be, but** : '-일지는 몰라도'라는 의미로, 상대방의 의견에 동의하면서
반대 의견을 함께 덧붙일 때 사용
•**maybe**(어쩌면, 아마)와 혼동 금지!

A

True that. He's a bit of <u>a fixer upper</u>.

그래.. 듣고 보니 그러네. 사람 만들려면.. 욕 좀 봐야겠다, 맞지?

•**a fixer upper** : 고칠 점이 많은, 손볼 곳이 많은 어떤 것

(boyfriend, girlfriend, wife, mom, dad) material (-감으로 적합한)
그 외에도 **teacher / CEO / leadership material** 같이 응용 가능

Comfortable in one's own skin : 본연의 모습을 사랑하는

I finally learned to be comfortable in my own skin.
나는 있는 그대로의 내 자신을 온전히 사랑해 주는 법을 터득했어.

😊 Dialogue

Wow, she's <u>flawless</u>. Like, literally?
<u>Picture-perfect</u>! <u>Man</u>, <u>I wish I were</u> her.
와 저 유투버는 진짜, 얼굴도 예쁘고 피부도 좋고 뭐 완벽하다, 그치!

• **flawless** : 무결점인
• **picture-perfect** : 흠 잡을 데 없이 완벽한
• **Man** : '부러움'의 감탄사
• **I wish I were …** : 내가 -였다면 참 좋겠다

B

Sera! You are perfect <u>the way you are</u>!
세라야, 너는 있는 그대로도 충분히 훌륭해!

So, try to feel <u>comfortable in your own skin</u>!
그러니까, 있는 그대로의 너를 사랑하려고 해봐!

• **the way you are** : 지금 그대로의 너, 있는 그대로의 너
• **comfortable** : '편안한'이라는 뜻이 있지만, 이 맥락에서는
자기 자신에 대한 '**confidence**' (자신감)을 뜻함

Wow, you're really <u>boosting</u> my <u>ego</u>! Thanks, girl!
와아, 뭐야, 덕분에 자존감이 팍팍! 올라간다! 고마워!

• **boost** : 북돋우다
• **ego** : 자존감

Own your imperfection! (너의 결점까지 보듬고 사랑해라!)
Love every inch of yourself! (너의 모든 점을 사랑해라!)

144

입빵2

Cut in front of someone : 끼어들다, 새치기하다

REALLY? Did that car just cut in front of me like that?
와 … 저 차 지금 저런 식으로 내 앞에 끼어든 거야?

😋 Dialogue

A

Ugh, are you kidding me right now? Gawd!
어억! 지금 나랑 장난해! 와-!

B

Wha, what happened <u>just now</u>? Are you okay?
무..무슨일이야?! 너 괜찮아?

•**just now** : 방금 막

A

Yeah, this idiot just <u>cut in front of me</u>, without <u>signaling</u>!
어.. 와- 이 사람 뭐야! 깜빡이도 안 켜고 새치기 했어!

•**signal** : (명사) 깜빡이, (동사) 신호를 보내다

B

Ugh, <u>tell me about it</u>.
야, 나도 그런 경험 해봐서, 네가 말 안 해도 무슨 말인지 잘 알아!

•**Tell me about it** : '나한테 그 얘기 해줘'가 아닌 공감의 뜻으로
'나도 그런 경험을 해봐서, 말 안 해도 뭔지 잘 알아' 라는 뜻

---

jump the line (새치기하다), **butt in** (대화 중에 불쑥 끼어들다, 상관없는 일에 참견하다)

Have a green thumb : 식물 가꾸기에 소질이 있다

I think I might have a green thumb!
나 왠지 식물 키우는데 소질이 있는 것 같아.

 Dialogue

A

Hey··· are you okay? You look like you're about to cry.
저기 괜찮아? 무슨 일인데! 얼굴이 우중충하다!

•**be about to** : 무엇 무엇 하기 직전이다, 막 -하려고 하는 참이다

B

Sigh, my plants are about to die.
휴-, 우리 집 식물들이 거의 죽기 직전이라서.

I mean, I did everything I could.
아니 물도 주고 햇빛도 쪼여 주고 다 했는데, 왜 이러지?

Maybe I just have a brown thumb. It's really frustrating.
나는 식물 키우는데 소질이 없나 봐. 너무 속상하다.

•**have a brown thumb** : 식물 키우기 똥손, 소질 없음

A

Oh god, well, why don't you go talk to Sera about it?

아이고, 어째! 음 세라한테 가서 얘기해 보는 건 어때?

She's got <u>quite</u> a <u>green thumb</u>.

걔 약간 식물 금손이라던데

•**quite** : 꽤나

B

Oh yeah! How did I not think of Sera?

우아- 내가 어떻게 세라 생각을 못했지?

She can literally grow anything!

걔 완전, 사막에서도 나무 키울 애잖아!

have a green thumb = **have green fingers** (원예에 능하다)

Let's 131강
입빵2 회화 UP

Lactose intolerance : 유당불내증

Milk really upsets my stomach.
I think I'm lactose intolerant.
나 우유만 마시면 배가 아파. 나 유당불내증 있나봐.

😋 Dialogue

A

Umm, can I get an <u>iced</u> latte <u>with an extra shot</u>, please?
보자- 저는 아이스라떼 샷 하나 추가해서 할게요?

•**iced** : 차가운, 얼음이 들어간   •**with an extra shot** : 샷 추가

B

Ugh, latte sounds so good right now···
와 라떼 완전 고소하겠다.

Gosh, I'll have an iced americano.
에휴, 저는 아이스 아메리카노로 할게요.

A

Why don't you get one? Their latte's <u>hands down</u> the best!
You're <u>missing out</u>!
왜? 여기 라떼 진짜 레전드급인데 안 마시면 네 손해지 뭐!

•**hands down** : 진짜, 정말로   •**miss out** : 기회를 놓치다

B

Eh, I'm <u>lactose intolerant</u>.
나 유당불내증 있어.

•**lactose intolerant** : (형용사 버전) 유당불내증이 있는

Milk doesn't sit well with me (우유가 나와 잘 맞지 않다)
Milk gives me a stomachache (우유 마시면 배 아파)

148

입빵2

Flake : 신뢰할 수 없는 사람

I have zero tolerance for flakes, period!
나는 약속 해놓고 마지막 순간에 매너 없이 잠수 타는 사람들! 못 참아!

Dialogue

A

Sera, you look like you're about to <u>murder someone</u>.
세라야, 네 눈에 살기가 지금 장난 아니거든?

I'm <u>just sayin'</u>.
그냥 알고는 있으라고.

•**murder someone** : '누군가를 살해하다'라고 직역 금지
      의역 : 그만큼 누군가가 화가 나 보일 때 사용
•**just saying** : (별 의미 없이) 그냥 그렇다고

B

Girl, you saw it right!
야, 잘 봤다!

I am <u>boiling mad</u>!
나 지금 진짜 화가 나서 머리가 팔팔 끓는다!

•**You saw it right** : 정말 잘 봤어
•**be boiling mad** : "매우" 화가 났다

A

Uh, <u>don't tell me</u> you had to <u>deal with</u> another <u>flake</u>
on that app!
어쩐지 너, 또 그 중고마켓 어플에서 매너 없는 이상한 사람 걸렸지!

•**Don't tell me**는 '나한테 말 하지마'가 아닌 '설마 또 … 했다고 말하는 거 아니지?'를 의미함
•**deal with** : 상대하다

149

Jeez, what are you, John? <u>A psychic</u>?
뭐야 귀신이야? 어떻게 알았어?

Well, <u>anywho</u>, YES, and I couldn't <u>let this one slide</u>,
so I <u>ended up reporting him</u>!
뭐 어쨌든, 네 말이 맞고! 이번 거는 그냥 넘어갈 수가 없어서, 신고했다!

B

•**a psychic** : 신기가 있는 사람
•**anywho** : 어쨌든, 그건 그렇고
•**let something slide** : 봐주다, 눈감아주다, 그냥 넘어가다
•**end up** : 결국 -하다
•**report someone** : -를 신고하다

A flake =Someone who is unreliable, irresponsible, untrustworthy
(무책임하고 신뢰할 수 없는 사람)

Rub off : 지워서 없애다

What's the point of doing my makeup?
The mask will rub it all off anyway.

(공 들여서) 화장 하는 게 무슨 의미가 있니?어차피 마스크에 다 묻을텐데.

 Dialogue

A

What's the point of doing makeup?

화장을 하나 마나 의미가 없다 없어.

The mask will rub it all off anyway.

어차피 마스크 때문에 다 지워질 텐데.

•**What's the point of ing** : -하는 것이 무슨 의미가 있니?
•**anyway** : 어차피

B

You are so right,

내 말이!

and there's no such thing as a smudge-proof foundation.

아니 그리고, 안 번지는 파운데이션, 뭐 그런 게 세상에 어디 있어!

•**so** : 완전, 전적으로
•**no such thing as-** : 세상에 -란 것은 없다
•**smudge-proof** : 번지지 않는

A

Oh my gosh, exactly!

어머, 말 잘했다 야.

A lot of people <u>are fooled by</u> those <u>exaggerated</u> advertisements.

얼마나 많은 사람들이 그런 과대 광고에 깜빡 속는지 알지!

•**be fooled by** : -에 속다
•**exaggerated** : 과장된

B

Ugh, seriously! <u>COVID</u> <u>SUCKS</u>!

어유, 코로나 징글징글하다.

<u>I don't know what the world is coming to.</u>

진짜.. 세상이 어떻게 되려고 이러는지 쯧쯧쯧! 말세다 말세!

•**COVID = Coronavirus**
•**suck** : 여러 의미가 있지만 여기선 '코로나 때문에 이게 뭐야 정말! 짜증나' 로 해석
•**I don't know what the world is coming to** : 세상이 어떻게 되려는지 모르겠다 (한탄)

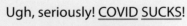

'**rub off**'가 문질러서 지우는 느낌이라면 **wipe off**는 닦아내는 느낌!

I consider myself … : 나는 -한 사람이라고 생각해

I consider myself a lucky person.
나는 운이 좋은 사람이라고 생각해.

😍 Dialogue

Oh my gosh, I <u>can't stand</u> Sera!
아, 세라 쟤를 어쩜 좋니?

Like, she <u>has to have</u> everything <u>planned out</u> so perfectly. Ugh!
아니 사람이 정도 것 해야지 말이야! 쯧!

•**can't stand** : -이 너무 싫다, 꼴 보기 싫다, 참을 수 없다
•**have / has to have** : 'have / has to'를 더 강조한 '꼭!'
•**planned out** : 계획을 세운

Oh well, <u>that's how Sera is</u>, you know? **B**
아유- 세라는 애가 원래 그렇다니까 너도 알잖아!

She <u>considers herself a perfectionist</u>.
걔는 본인이 완벽주의자라고 생각하잖아.

•**That's how … is** : …는 원래 그렇잖아   •**a perfectionist** : 완벽주의자

But it's so annoying though!
아니 아무리 그래도 그렇지 짜증나잖아!

She's a bit of <u>a handful</u>.
하아- 진짜 피곤한 사람이다, 피곤한 사람이야.

•**a handful** : 감당하기 힘든 사람

I consider myself = I'd say I'm (나는 -라고 할 수 있지)

153

Side-eye : 곁눈질하다, 째려보다

She gave me the side-eye and called me a loser!
걔가 나를 이렇게 째려보면서, 루저라고 했어.

 Dialogue

A
> Hey, Sera gave me <u>the side-eye</u> and called me <u>a loser</u> the other day.
>
> 있잖아, 며칠 전에 세라가 나한테 뭐라고 했는지 알아? 루저라고 했다! 그것도 이렇게 막 째려보면서!

•**a loser** : 낙오자, 실패자, 찐따

B
> Jeez, <u>what for</u>?
>
> 어머 왜? 뭐 때문에?

•**What for** : 왜? 무엇 때문에?

A
> Well, <u>quote unquote</u>, "for <u>cracking lame jokes</u>."
>
> 걔 말을 빌리자면, 내가 "재미없는 개그"했기 때문이래.

•**quote unquote** : 어떤 사람이 한 말을 그대로 인용할 때, 그 말 앞머리에 사용하는 표현
•**crack jokes** : 개그를 하다
•**lame** : 재미없는

Dang, she's <u>a savage</u>.

헐, 세라는 진짜 가차 없네.

So, what did you do?

그래서 너는 뭐라고 했는데?

B

•**a savage** : 얄짤 없는 사람

A

Uhh, I just <u>stormed out</u>.

뭐 그냥 화나서 뛰쳐나갔지!

•**storm out** : (화가 나서) 뛰쳐나가다

give someone a dirty look (기분 나쁘게 쳐다보다, 한심한 듯 / 아니꼽게 / 하찮은 듯 흘겨보다)

Potty mouth : 입이 거친 사람

My friend has a potty mouth.
내 친구는 입이 거칠어.

😊 Dialogue

A

Hey, David. Heard you and Simon had <u>a huge fight</u> on Wed.
데이빗, 너 수요일에 사이먼이랑 크게 한판 했다며 내가 다 들었지.

*huge : 여기서는 '대판'이라고 해석
*a huge fight : 대판 한판 싸움

B

Yup, he was <u>flipping me off</u> and <u>calling me names</u>.
어, 걔가 중지를 이렇게 치켜들고! 나한테 욕했어.

So, <u>with that said</u>, I <u>have no intention to</u> apologize first.
그래서, 난 죽어도 먼저 사과할 마음이 없어!

*flip someone off : (중지) 손가락 욕을 하다
*call someone names : 욕하다
*with that said : 그러니까 말인데
*have no intention to - : -할 마음이 없다

A

Well, you and I both know that Simon can be really <u>brutal</u>
and <u>offensive</u> with his words.
뭐… 사이먼이 말을 되게 기분 나쁘고 막 악랄하게 하는 거..
하루이틀 아닌 거 너도 나도 잘 알잖아.

*brutal : 인정사정 없는, 잔혹한
*offensive : 모욕적인

B

> ## <u>You know what?</u> <u>I've had enough,</u>
> 나는, 그냥 이제 지긋지긋해.
>
> ## and he really <u>crossed the line</u> this time.
> 그리고 사이먼이 이번에는 진짜 선 넘은 거야.

• **You know what?** : 이 맥락에선 '너 그거 알아?'가 아닌,
　　　　　　　　　　　'걔가 원래 그런 애던 말던 내 알 바 아니고'의 뜻
• **I've had enough** : 참을 만큼 참았다, 지친다
• **cross the line** : 정도가 지나치다, 선을 넘다

---

call someone names = **swear, cuss, curse** (욕을 하다)

On a leash : 강아지 목줄을 한

Walk your dog on a leash and have a poop bag ready in your pocket.

강아지 산책 시키실 때 목줄 꼭 하시고 똥 주머니 챙기는 것도 잊지 마세요.

 Dialogue

A

Hey, so I <u>took</u> Coco to a park <u>for the first time</u> yesterday.

어제 코코랑 나랑 처음으로 공원 갔다 왔어.

•**take A to ~** : A를 ~로 데려가다   •**for the first time** : 처음으로

B

Oh, yeah? How was it?

어 그래? 어떻던데?

A

Well, a lot of big dogs were running around without any <u>supervision</u>. So, I <u>got a little scared</u> and <u>just left</u>.

음… 큰 개들이 그냥 막 뛰어 다니던데…그래서 좀 무서워가지고 그냥 집에 왔다.

•**supervision** : 지도, 감독, 통제   •**without any supervision** : 아무런 통제 없이
•**get scared** : 겁먹다   •**just left** : (막) 자리를 뜨다

B

What? <u>Are you saying that</u> the dogs were <u>off their leashes</u>?

헐, 그러면 그 개들이 목줄도 없이 막 뛰어 다니고 있었단 말이야?

That sounds <u>unsafe</u>.

되게 위험하게 들리는데…

•**Are you saying that** … : 들은 말을 한 번 더 읊을 때 사용
•**off their leashes** : 강아지들 목 줄이 풀린 채로   •**unsafe** : 안전하지 못한

collar (강아지 이름 / 정보를 적은 목걸이), **harness** (강아지 몸통에 채워주는 하네스)

Hook someone up with something 다양한 뜻

My friend hooked me up with a 10% discount.
내 친구가 나 10% 할인 해줬어.

😊 Dialogue

A Hey, what's your plan for summer break?
야, 너 여름방학때 뭐 하는데?

B Umm, haven't planned anything yet. <u>What's up?</u>
어, 아직 뭐 계획은 없는데? 왜?

•**What's up** : 여기서는 '그건 왜 물어?'의 의미로 쓰임

A Well, <u>if you're down</u>, I can <u>hook you up with an easy part-time job</u>.
네가 원하면, 내가 완전 쉬운 좋은 아르바이트 소개해줄게.

•**If you're down** : 너만 괜찮으면 (동의어 : **If you want to**, **If you're interested**)
•**hook someone up with something** : '다리를 놔주다, 소개 해주다, 연결 시켜주다'의 의미로 쓰임
•**an easy part-time job** : 일이 쉬운 아르바이트

B <u>For real?</u> Of course <u>I'm down</u>.
대박. 정말이니? 당연하지!

I can start right away!
나 당장이라도 시작할 수 있다!

•**For real?** : 진짜야?
•**I'm down** : (어떤 제안, 의견,계획에 대해 동의할 때) 좋지! 콜!

hook someone up with something은 지인 덕을 보다 (할인을 받다, -을 공짜로 / 덤으로 받다)의 뜻도 있음

Sloppy : 대충 하는

I did such a sloppy job on my essay.
So, I'll be happy with a C.

나 에세이 진짜 대충 써서 제출했어. 그래서 교수님이 C만 주셔도 만족 할거야.

 Dialogue

A

Oh my gosh, I am <u>so not ready</u> for this presentation.

어우 오늘 발표인데 준비한 게 하나도 없네?

I'm just gonna have to <u>wing it</u>.

그냥..흘러가는 대로, 즉흥적으로 해야겠다!

•**be so not ready** : 준비가 하나도 되지 않다
•**wing it** : 준비 없이 즉흥적으로 하다

B

Wow, you are <u>a free spirit</u>.

정말로. 내일 걱정은 내일 모레 하는 영혼답다 야.

I <u>feel like</u> a lot of people will half-ass this one, <u>though</u>.

다른 애들도 이번 거 대충대충 할 것 같긴 한데…

It's only 10 points, <u>you know</u>?

이거 10점밖에 안 되잖아.

•**a free spirit** : 구애 받지 않는 자유로운 영혼
•**feel like …, though** : -한 느낌이 들긴 하지만
•**you know?** : '10점밖에 안되는 데 뭐-' 에서 "뭐-"를 담당

A

That's what I'm saying! So, let's just relax and <u>go with the flow</u>.

그니까! 그냥 긴장 풀고- 흘러가는 대로 살자-.

*go with the flow : (자연스러운) 흐름에 맡기다

B

But, I don't want to do a <u>sloppy</u> job …

그렇긴 한데, 난 대충대충 하기는 싫어.

I'm <u>an honors student</u>.

나 우등생이잖니.

*sloppy : 대충 대충하는
*an honors student : 학점이 높은 우등 학생

half-ass (건성으로 하다)는 비 격식 표현이지만, 욕으로 간주되지 않음

Stock up on : 쟁여두다

I'm gonna have to stock up on lint rollers. My dog's shedding all over the house.

나 돌돌이 좀 쟁여야겠다. 우리 강아지 털이 온 집안에 깔렸어.

Dialogue

A
Sera, your eyes are looking quite red and <u>puffy</u>. You okay?
세라야, 너- 눈도 시뻘겋고 눈두덩이가 좀 많이 부었는데? 괜찮니?

•**puffy** : 부어 있는

B
Oh, I had to <u>dogsit</u> my sister's puppy last night and ⋯
아 어제 저녁에 언니가 강아지 좀 봐달라고 해서 갔었는데 오늘 눈이 이렇네⋯

looks like I'<u>m allergic to</u> dogs.
나 강아지 알레르기 있나 봐.

•**dogsit** : 강아지를 돌보다   •**be allergic to** : -에 대해 알레르기가 있다

A
Aw, does her puppy <u>shed</u> a lot?
아이고 그랬구나. 아니, 언니네 강아지가 털이 많이 빠지는 건가 봐?

Tell your sister to <u>stock up on</u> lint rollers. Trust me, it HELPS.
언니한테- 돌돌이 같은 거 좀 쟁여두라고 해. 필수템이야 필수템.

•**shed** : 털이 빠지다

B
Oh yeah, lint rollers! They might actually help!
오 그래, 돌돌이! 도움이 될 것 같다.

---

buy something in bulk (-을 대량으로 구매하다)

Rat someone out : 일러바치다, 고자질하다, 배신하다

Someone at work ratted us out to the boss.

직장에 있는 누군가가 우리가 한 짓을 사장님께 일러바쳤어.

 Dialogue

A

So, listen. My boss wasn't in the office yesterday,

있잖아. 우리 사장님이 어제 회사에 없으셨거든,

so me and my <u>colleagues</u> agreed to <u>get off work</u> 20 mins early.

그래서 우리 부서 사람들끼리 그냥 20분 일찍 퇴근하자! 이렇게 된거지.

But? Here's the <u>twist</u>.

근데, 여기에 반전이 있다.

*colleague : 직장 동료
*get off work : 퇴근하다
*twist : 반전

Oh my gosh! <u>Don't tell me</u> someone snitched on you guys! **B**

헐 설마! 누가 쪼르르 가서 고자질 했나!?

*Don't tell me … : 설마 -는 건 아니겠지! (말하지 않아도 알 것 같다는 뉘앙스)

A

Ha! How'd you know?!
우와 무당이네 무당이야!

Someone in another <u>department</u> <u>ratted us out</u>
to the boss this morning.
아니 딴 부서 어떤 사람이 오늘 아침에 사장님한테 다 일러 바친 거 있지!

Can you believe it?!
말이 돼?!

•**How'd** = **How did**
•**department** : 부서

Oh, <u>snap</u>! You guys <u>got busted</u>!
와, 그럴 수가! 싹 다 그냥 딱! 걸렸네!

B

•**snap** : 와, 저런! 이런!
•**get busted** : 딱 걸리다

rat someone out = **snitch / tattle on someone** (-에게 고자질하다)

164

Nosy : 남 일 참견하기 좋아하는, 꼬치꼬치 캐묻는

I've never seen a person who is as nosy as Melissa.
나는 Melissa만큼 남 일에 참견 잘하는 사람 못 봤어.

 Dialogue

A

Melissa <u>drives me nuts</u>!
멜리사때문에 진짜 못 참겠다.

She just has to <u>have a finger in every pie</u>.
멜리사는 남의 인생에 참견이 너무 심해.

•**drive someone nuts** : -를 화나게 만들다
•**have a finger in every pie** : 온갖 일에 참견하다

B

<u>You're telling me!</u>
네 말에 전적으로 동의해.

I've never seen a person who's <u>as nosy as</u> her!
나는 살면서 걔만큼 참견 심한 애는 못 봤어!

•**You're telling me!** : 내 말이 바로 그 말이야! (전적으로 동의)
•**as nosy as** - : - 만큼 참견이 심한

A

Ugh, did you know that everyone calls her <u>a backseat driver</u>?
어휴, 사람들이 걔 backseat driver이라고 부르잖아.

Like, literally! She just <u>can't help herself</u> even in the car!
거짓말 안 보태고 차 안에서까지도 이래라 저래라 막 참견이 주체를 못해!

•**a backseat driver** : (자기 일도 아닌데) 감놔라 배놔라 하는 사람
•**can't help oneself** : 주체할 수 없다

nosy = busybody (참견쟁이)

165

Circle : 무리, 그룹

I have a small circle of friends.
저는 친구가 많진 않아요.

😋 Dialogue

A

Simon is really hip and <u>social</u>.
야, 사이먼은 애가 뭐, 사교성도 좋고, 멋있고.

Like, he's <u>the guy</u> at school, you know?
걔가 우리학교 인싸다.

•**social** : 사교성 있는
•**the guy** : (학교에서) 인기가 많은 인싸

B

Yeah, unlike me, he has a large <u>circle</u> of friends.
어 그렇지, 인싸지. 친구도 다양하게 두루두루 많던데 걔는.

<u>I don't know how he does it.</u>
어떻게 그렇게 하는 거지?

•**I don't know how he does it** : '어떻게 그러지? 대단하다' 뉘앙스

A

Well, a person like me wouldn't know
cause I like to <u>keep my circle really small</u>.
그거야 뭐, 나 같이 친구 몇 없는 애는 모르지.

•**keep my circle small** : 소수의 친구들과 친하게 지내다

Hmm, I guess it's different for everyone…
그래 뭐… 사람마다 다 다르지.

but <u>one thing I'm sure of</u> is that friendship is all about <u>quality</u> not <u>quantity</u>.
근데, 한가지 확실한 건 우정이란 양보다 질이라는거야.

B

•**One thing I'm sure of** : 한가지 확실한 건
•**quality** : 질
•**quantity** : 양

circle = **squad** (무리, 팀, 집단)
🄬 사회생활 중 형성된 인간관계는 '**social circle**'이라고 함

Butt-dial : (의도치 않게 실수로) 전화가 걸리다

Oh, I must have butt-dialed you. So, don't mind it!

(나 너한테 전화 건 적 없는데?) 아! 나도 모르게 전화가 걸렸나 봐. 신경 쓰지 마-

😋 Dialogue

Hey, sorry I <u>missed your call</u>.
Ugh, things have been really hectic at work today.
아, 전화 했었네. 오늘 일이 그냥 정신 없이 바빠서, 이제 보고 전화한다.

<u>Anywho</u>, what is up?
무슨 일이야?

•**miss someone's call** : ~의 전화를 놓치다, 못 받다
•**Anywho** : 그건 그렇고

Huh? What are you <u>talkin'</u> about? Who called who?
어? 뭐라고? 누가 누구한테 전화를 했는데?

B

•**talkin'** = talking

Hmm??? You called me <u>earlier in the day</u>.
응? 오늘 낮에 너 전화 했었잖아.

•**earlier in the day** : 아까 오전 중에, 낮에

Oh, I did? Well, I must have <u>butt-dialed</u> you then.

어머, 나는 전화한 적 없는데? 전화가 잘못 갔나 보다.

So, don't mind it!

신경 쓰지마.

B

•**butt-dial** = **pocket-dial** : 잘 못 전화를 걸다
(주머니에 넣어둔 핸드폰이잘못 눌러서 의도치 않게 전화가 걸릴 때)

call the wrong number (번호를 잘 못 눌러 엉뚱한 사람에게 전화하다)

A regular : 단골손님

I'm a regular here.
나 여기 단골이야.

 Dialogue

A

Ooh, this place is <u>neat</u>! It has <u>that</u> San Francisco <u>vibe</u>. Nice!

오! 여기 괜찮다. 약간 샌프란시스코 느낌도 있고. 좋은데?

•**neat** : 여러모로 깔끔하고 참 괜찮은   •**vibe** : 분위기, 느낌
•**that** : 여기서 **that**은 샌프란시스코만이 가진 '그런'을 의미함

B

Yup, that's why I'm <u>a regular</u> here!

그니까! 내가 그래서 여기 자주 오잖아.

And I knew you'd love it too!

내가 너도 좋아할 줄 알았지!

A

Gosh, I really miss living in San Francisco.

아유 야. 샌프란시스코 살 때가 좋았지.

Remember <u>the good old days</u> there?

옛날에, 생각 나?

•**the good old days** : 좋았던 옛 시절

B

Of course, man! We were young, <u>wild</u> and free.

당근이지! 우리 참, 젊고, 와일드하고, 자유로웠는데!

•이 맥락에서의 **wild** : 겁 없고 도전적인 혹은 막무가내인

my go-to / favorite coffee shop (늘 찾는, 가장 좋아하는 커피숍)

Go hand in hand : 캐미가 있다

입빵 1 and 입빵 2 go hand in hand!

입빵1과 입빵2는 서로 시너지 효과를 내기 때문에 같이 들으면 참 좋아.

😜 Dialogue

A

Sera, I'm tryna learn English but don't know where to start.

세라야, 나 영어 공부를 좀 해볼까 하는데⋯어디서 뭐부터 시작해야 될 지 모르겠어!

B

Oh! Well, <u>there's an app called</u>, Let's 일빵빵,

오 그래? 렛츠 일빵빵이라는 어플이 있는데,

and they provide <u>various</u> audio lectures.

거기 오디오 강의가 다양하게 많아.

•**There's a / an (__) called** : -이라 불리는, -(이)라는
•**various** : 각양각색의, 다양한

A

Oh cool, I'll give it a listen then!

오 그렇구나! 한 번 들어볼게 그럼!

B

Yup! I'm <u>currently</u> listening to 입빵1 and 입빵2

그려- 나는 요새 입빵1이랑 입빵2 같이 듣고 있거든?

and they really <u>go hand in hand</u>!

이 두 강의 캐미가 장난 아니야!

•**currently** : 현재

go hand in hand = **go well together** (궁합이 잘 맞다)

171

Let's 147강
입빵2 회화 UP

Pin it! : (악셀) 밟아!

Just pin it!
그냥 악셀 세게 밟아!

😋 Dialogue

A

Pin it, Josh!
조쉬야, 밟아!

B

Dude, yellow light means "slow down," not "speed up."
이봐요, 노란 불은 "속도를 낮춰주세요"지, "있는 힘껏 밟으세요"가 아니야.

•**something means something** : -의 의미는 -이다
•**Slow down** : 속도를 낮추다
•**Speed up** : 속도를 높이다

A

Whatever, you're such a chicken.
치, 잘났네 잘났어. 으이그 이 겁쟁이야.

•**Whatever** 뉘앙스 : (비꼬며) 아, 네-네- / 너 잘났다
•**such a** : 완전
•**a chicken** : 겁쟁이

B

You're reckless. Do you know that?
너는 참 무모하다 무모해. 알긴 아니?

•**reckless** : 무모한

Just pin it! = Hit the gas (밟아!)

172

입빵2

Rave about : -이 핫하다! 히트다!

A lot of people are raving about this YouTube channel.
요새 이 유튜브 채널이 핫 하대.

😋 Dialogue

A

Hey, are you <u>subscribed to</u> this YouTube channel?
어… 너 혹시… 이 유튜브 채널 구독해?!

•be subscribed to : -을 구독중이다

B

Ooh, this guy! Well, I personally don't watch his videos,
아- 이 사람! 어, 나는 유튜브 잘 안 봐서 모르는데,
but I know a lot of people are <u>raving about</u> this channel.
사람들이 이 채널에 대해서 얘기 엄청 많이 하더라!

A

Yeah, man! His videos are <u>going viral</u>!
그래! 요새 이 사람 영상 안 본 사람이 없을 정도인데
<u>When you get a chance</u>, <u>give it a watch</u>!
시간 되면 꼭 한번 봐봐!

•go viral : 삽시간에 퍼지다 혹은 유행이 되다
•When you get a chance : 기회가 / 시간이 된다면   **•give it a watch** : 한 번 봐봐!

B

Alright, <u>will do</u>!
그래, 그럴게.

•Will do : 그래, 알겠어!

This YouTube channel is blowing up! (이 유튜브 채널이 요즘 난리야!)

Take a rain check : (거절하며) 다음을 기약하다

Aw, that sounds really fun, but I'm gonna have to take a rain check on that.

같이 하면 참 좋겠지만, (아쉽게도) 오늘 말고 다음에 해야 될 것 같아.

 Dialogue

A

Sera, what are you doing?! <u>Where you at?!</u>

세라야, 너 어디서 뭐 하는 중이니?

•**Where you at** = **Where are you**

B

Oh, just <u>bumming around</u> the house. What's up!

어- 나 그냥 집에서 빈둥거리고 있지. 왜?

•**bum around** : 빈둥거리다

A

Well? I have two free tickets to the movies.

어- 나 영화 공짜 표 두 개 있는데.

Wanna go watch something this evening?

오늘 저녁에 뭐라도 보러 갈래?

B

Aww, that's <u>very sweet of you</u>!

이야 내 생각해서 전화도 해주고, 너 정말 스윗하구나!

But I'm afraid I'm gonna have to <u>take a rain check</u>.

그런데, 정말 미안하지만, 오늘은 날이 아닌 것 같고 우리 다음에 가자.

•**be very sweet of you** : 마음 씀씀이가 고마울 때 사용

Sorry, but I'll (have to) pass this time (미안한데 이번엔 안될 것 같아)

Clickbait : 낚시성

That YouTuber uses a lot of clickbait thumbnails and titles.

그 유투버는 낚시성 썸네일이랑 제목을 너무 많이 써.

 Dialogue

A

Hey Sera, <u>check out</u> this YouTuber.

세라야, 이 유튜버 한번 봐봐.

She is <u>the talk of the town</u>!

요새 이 사람이 장안의 화제야.

•**check out** : 보다
•**the talk of the town** : 장안의 화제

B

Oh yeah, everyone <u>raves about</u> her.

어어- 이사람 누군지 알지! 막, 사람들이 난리더라!

But, I feel like her thumbnails are <u>a bit too much</u>.

나는, 썸네일들이 조금 과하단 생각이 들더라.

I don't know, <u>it could just be me</u>.

근데 나만 그런지 모르겠는데.

•**rave about** : -에 열광하다, 격찬하다, (많은 사람들이) 그것에 대해 이야기하다
•**a bit too much** : 조금 과한 / 지나친
•**It could just be me** : 그냥 나만 그렇게 생각하는 걸지도 (몰라)

A

Well, it's true! A lot of her videos are <u>clickbait</u>.
아냐아냐. 네 말이 맞아. 거의 낚시성 비디오들이잖아.

•**clickbait** : 클릭을 하게끔 유도하는 썸네일 혹은 헤드라인

B

But regardless, she's <u>a baller</u>!
그래도 돈은 잘 벌겠네!

I'm pretty sure she <u>makes six figures</u>.
분명 억대 연봉일거야.

•**a baller** : 럭셔리한 삶을 사는 사람
•**make six figures** : 억대 연봉

clickbait(명사)는 '인터넷에서 클릭을 유도하는 자극적이고 낚시성 강한 글 혹은 영상'을 의미하는 신조어다